象棋特级大师刘殿中鼎力推荐

象棋入门基础教程

XIANGQI RUMEN JICHU JIAOCHENG

刘宝友 康文怀 ◎ 编著

刘殿中 ◎ 审

化学工业出版社

· 北京 ·

图书在版编目（CIP）数据

象棋入门基础教程/刘宝友，康文怀编著 . — 北京：化学工业出版社，2017.10（2021.4重印）
ISBN 978-7-122-30415-5

Ⅰ.①象… Ⅱ.①刘…②康… Ⅲ.①中国象棋 — 教材 Ⅳ.①G891.2

中国版本图书馆CIP数据核字（2017）第190801号

责任编辑：成荣霞　冉海滢	美术编辑：王晓宇
责任校对：边涛	装帧设计：揽胜视觉

出版发行：化学工业出版社（北京市东城区青年湖南街13号 邮政编码100011）
印　　装：高教社（天津）印务有限公司
710mm×1000mm　1/16　印张9½　字数142千字
2021年4月北京第1版第4次印刷

购书咨询：010-64518888　　　　　　　　售后服务：010-64518899
网　　址：http://www.cip.com.cn
凡购买本书，如有缺损质量问题，本社销售中心负责调换。

定　　价：29.80元　　　　　　　　　　　　　　　版权所有　违者必究

序 言

前不久,宝友找到我,说最近想出版一部关于象棋入门的基础教程,并希望我能够为该书作序,我欣然同意了。

宝友和我算是半个老乡,他是河北卢龙人,河北科技大学环境科学与工程学院教师,工学博士,教授,硕士生导师。在讲授环境类专业课程的同时,于2009年起面向全校学生开设"象棋研究欣赏"选修课。在讲授象棋基本技战术的同时,着重介绍象棋蕴含的基本哲理和象棋文化。其讲课风格风趣、幽默,善于采用浅显的棋例揭示深刻的道理,为广大学生和象棋爱好者所喜爱。

我和宝友初次相见是在2003年底,当时我在河北棋院正在备战象甲联赛,突然,一位身材瘦弱、文质彬彬的年轻人来河北棋院找我,说有一些象棋研究体会找我探讨。我没有拒绝这位对象棋痴迷的爱好者,随即摆开棋盘对他研究的棋局进行分析,发现虽然他提出的招法并不完全正确,但是棋图新颖别致,研究结论颇有见地。我鼓励他继续深入研究,对招法进行系统整理,并试着向一些专业象棋期刊投稿。后来,从2004年起,就有一些象棋棋稿在我主编的《象棋研究》月刊陆续发表了。宝友再次找到我时,已经是9年以后了。他对象棋的执着和痴迷一如既往。更值得一提的是,他不仅作为象棋爱好者,而且作为象棋的倡导者和推广者,将自己多年象棋研究心得体会,结合课程讲义撰写成书,以使更多的年轻人喜欢象棋、品味象棋、推广象棋,助力象棋事业在时代发展中得到进一步的发展和弘扬。

我本人从事象棋事业已经50多年了,对象棋的感受可谓是喜忧参半。忧的是象棋的发展如何跟上时代发展的步伐，如何让更多年轻人喜欢象棋，如何彰显象棋文化的时代价值；喜的是还有这么多象棋工作者在不遗余力地推广、宣传、普及象棋，有这么多年轻人仍然痴迷依恋象棋。近年来，我欣喜地看到，在大学里象棋类社团蓬勃发展，各种学生活动层出不穷，为象棋文化的广泛开展构成了一道亮丽的校园风景线。但据我所知，在河北高校开设象棋课，目前仅有河北科技大学一家。高校内开设象棋类课程是开展素质教育的一份明证，也是开拓创新、勇于进取的明证，这对于推广象棋运动、弘扬象棋文化、活跃校园气氛具有潜移默化的作用。

这本书是宝友多年来象棋研究和教学的总结，从内容编排来看，体现了作者独特的文化视角和创新精神。全书以象棋基本技战术所体现的棋理和折射的传统文化为主线，主题鲜明，编排体例独特。该书是象棋初、中级爱好者的必备教材，是宣传推广象棋的一本好书。

我为宝友的执着追求所感动，并期待他有更为精彩的作品问世。

刘殿中

（象棋特级大师，国家级教练员）

2017年春于石家庄

PREFACE 前 言

象棋是一种益智类体育项目，是一种大众化的娱乐活动，是一种灿烂的民间艺术，是一项优秀的历史文化。象棋有助于锻炼青少年的分析判断、逻辑推理能力以及想象力和创造力，培养勇敢顽强、沉着机智、积极进取的意志品质。同时，可以提高青少年的棋艺鉴赏水平和审美能力。为了进一步普及象棋文化，丰富大众的业余文化生活，提高棋迷的棋艺水平和文化素养，笔者在精心研究多种象棋棋谱名著和实战对局的基础上，结合在河北科技大学开设"象棋研究"选修课的经验和体会，整理汇编成《象棋入门基础教程》。

作为象棋教育工作者，我们认为提高象棋棋力必须要重视象棋残局，所以本书重点介绍象棋残局，包括实用残局和排局。在体例编排上，笔者大胆尝试将同一主题的棋局放在一起，用一种大众喜闻乐见的方式来介绍，并认为这是使初学者融会贯通的好方法。对于实用残局，其胜和规律的把握全凭象棋基本功的扎实。多研究实用残局，对读者提高棋艺会有很好的帮助。至于排局，其欣赏性比较强，比较引人入胜，容易激发读者的兴趣。全书所选局例约1/3来自其他棋谱书，1/3是欣赏他人作品时即性改编之作，1/3则来自笔者的实战对局或者棋友的赠图。对于这些棋局的来源与出处，凡是笔者查考到的，已经在文中做了标明，以示尊重和感谢。同时，对本书中的许多局例，笔者都提出了区别他谱的独到见解，或对棋图进行了重拟，或对棋招进行了改拟，以期有所创新。

本书共分为五章，45小节。第一章象棋基础知识分为3节，主要介绍象棋的缘起、棋子基本走法、象棋规则、象棋子力特点等内容。第二章象棋基本杀法分为6节，主要介绍双子组合的一些杀法技巧。第三章实用残局战术分为20节，按照子力类型分类，介绍了一些特定结构的象棋残局技战术杀法，对胜和规律进行了细致分析。第四章古今排局赏析分为8节，介绍了笔者搜集和改编的趣味排局和江湖残局。第五章常见布局共分为8节，结合近年来全国象棋大赛尤其是象甲联赛对局，分析了常见开局方法。特别说明：文中"！"代表好着妙棋，"？"代表坏着或难以理解的走法。

本书适合具有初级和中级棋力的象棋爱好者阅读，也可以作为高等院校象棋选修课的参考用书。如果本书能够对专业棋手提高棋艺水平有所帮助，对业余棋迷提高象棋的欣赏水平和审美能力有所帮助，对棋艺工作者宣传推广象棋有所帮助，笔者都将会感到无比欣慰。

在撰稿过程中，笔者得到了很多象棋前辈和象棋爱好者的帮助和支持。象棋特级大师刘殿中先生对全书进行了审校，并对一些技术问题和内容编排提出了良好的建议，在此表示诚挚的感谢。我的学生玄静雨、马弘杨、胡旭倩、燕昭、张佩文等参与了部分章节的资料整理或者文字撰写工作，在此一并表示感谢。

限于笔者的棋艺水平和手头资料，书中错误和疏漏之处在所难免，恳请读者批评指正。

刘宝友

2017年5月于石家庄

目录 CONTENTS

第一章 象棋基础知识 1
第一节 认识象棋 1
第二节 象棋规则简介 4
第三节 象棋子力的性能与价值 11

第二章 象棋基本杀法 19
第一节 双车的基本杀法 19
第二节 双炮基本杀法 21
第三节 车炮的组合杀法 23
第四节 车马的组合杀法 27
第五节 马炮组合杀法 30
第六节 双将杀法 32

第三章 实用残局战术 34
第一节 左兵右将——兵类残局的进攻战术 34
第二节 单双数问题——双兵对卒象或者卒士的步数棋 36
第三节 未雨绸缪——三卒双士胜兵士象全 41
第四节 左摇右摆——马兵攻杀技巧 43
第五节 老马识途——马兵相胜马士实用残局 46
第六节 双马饮泉——双马必胜马双象 49
第七节 大将当关（上）——单车巧胜士象全 54
第八节 大将当关（下）——单车巧胜马炮 57
第九节 壁虎断尾——炮卒双象和单车 61
第十节 双车勇猛——双车胜车士象全 62
第十一节 双剑合璧——双车胜车炮双士 64
第十二节 丝丝入扣——车炮士胜车双士 68
第十三节 丝线拴牛——车炮欺车局二则 72
第十四节 虎口拔牙——车炮双士胜车双象 74

第十五节 螳螂捕蝉——平车马双士和..................82
第十六节 针尖对麦芒——车兵与车卒的较量..........86
第十七节 半壁江山不失局——从杨官璘的经典名局谈车士象对车兵的防守 89
第十八节 马炮争雄——马炮必胜马双士..............95
第十九节 树上开花——车马兵有士相必胜车士象全....104
第二十节 循序渐进——车炮兵士相全胜车炮士象全....107

第四章 古今排局赏析..................................110
第一节 趣味排局——单子和全军排局................110
第二节 趣味排局——双炮禁双炮....................115
第三节 趣味排局——人多势众......................117
第四节 江湖排局——花迷蝶梦......................119
第五节 江湖排局——梅雪飘香......................120
第六节 江湖排局——五子夺魁......................121
第七节 江湖排局——二虎下山......................122
第八节 江湖排局——柳絮漫天......................125

第五章 常见布局简介..................................128
第一节 顺炮......................................128
第二节 列炮......................................131
第三节 中炮对屏风马..............................132
第四节 中炮对反宫马..............................133
第五节 飞相局....................................135
第六节 仙人指路..................................138
第七节 过宫炮....................................140
第八节 士角炮....................................142

参考文献..144

第一章 象棋基础知识

第一节 认识象棋

一、象棋的起源与发展

中国象棋是起源于中国的一种棋戏，属于二人对抗性游戏的一种，在中国有着悠久的历史。由于用具简单，趣味性强，成为流行极为广泛的棋艺活动。

关于象棋的起源有多种说法，一种说法为象棋起源于舜的时期。传说舜的同父异母的弟弟叫象，象为人懒惰，好玩耍。现代学者常任侠《中印艺术因缘》一书中说："象因桀骜不驯，舜把他禁居起来，又恐他寂寞，所以为他制作棋局，使他有所娱乐。因其名象，故称象棋。"

另一种说法是象棋一词最早出现于战国时期。《楚辞·招魂》中就对其形制以及玩乐方法作过专门记载："菎蔽象棋，有六簙些；分曹并进，遒相迫些；成枭而牟，呼五白些。"意思是说，用玉石（菎）做成的相当于骰子（蔽）大小的象棋，每方共有6颗；比赛的方法是"分曹并进"（指必须两人或两组对局联赛），相互进攻，逼迫对方于死路；最后是赢者"牟"（指成倍）取胜利。

经过漫长时间的发展，直到宋代，中国象棋基本定型，沿袭至今。明清时期，著名的四大排局"七星聚会""野马操田""千里独行"和"蚯蚓降龙"都是在清代完成的。这四个排局各具特色，但都是围绕车、马、炮、兵相互配合而展开，这些排局迄今为止仍然是公认的难度最大，最为复杂的。可以说清代是古代象棋理论发展和技术战术水平达到巅峰的历史阶段。开局、中局、残局、排局等在明清可以说得到了空前的发展，有些成为系统的体系，对现代象棋起到铺垫的作用。

1956年，国家体委（现国家体育总局）将中国象棋列入第一批正式体育比赛项目。52年以后的2008年，中国象棋列入了国家级非物质文化遗产名录。2010年，中国象棋列入亚运会正式比赛项目。

二、棋盘与棋子

象棋棋子一般是木头制成的，1个棋盘，32颗棋子。"棋子木头做,输了重来过。"象棋在我国是非常普及的体育项目之一，我们在日常生活中可能都已经接触过，

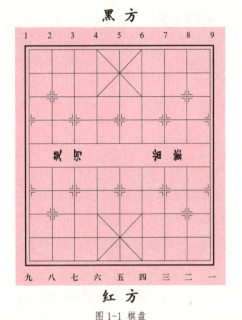

图 1-1 棋盘

肯定会有不同程度的了解。但可能没有系统地学习过，那么现在我们就来认识一下象棋。

一副象棋由棋盘与棋子组成。棋子分红、黑两种颜色，双方各有7个兵种，分别是：

红方有帅(1个)、车(2个)、马(2个)、炮(2个)、兵(5个)、相(2个)、仕(2个)；

黑方有将(1个)、车(2个)、马(2个)、炮(2个)、卒(5个)、象(2个)、士(2个)。

双方共有32个棋子，每方各是16个棋子。虽然双方棋子在叫法上有所区别，例如红帅与黑将、红相与黑象等，但实质上是没有区别的，可能是为了区别双方的子力。棋盘是棋子活动的地方，双方对弈时在棋盘上行走。棋盘见图1-1。

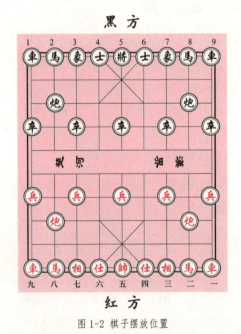

图 1-2 棋子摆放位置

棋盘由九条直线、十条横线交叉而成，总共有九十个交叉点，这些交叉点就是棋子落子的地方。九道直线，红棋方面从右到左用中文数字一至九来代表，黑棋方面从右到左用阿拉伯数字1～9来表示。棋盘的中间空白处称为"河界"，也有的称之为"楚河汉界"，就好比两军对垒排兵布阵时的一个界线。棋盘两边的"米"字格称为"九宫"，是将(帅)、士(仕)活动的地方，就好比是皇宫。如图1-2所示，士所在的两条纵线叫作"肋道"，卒(兵)所在的横线叫作卒林线，倒数第二条横线叫做咽喉线。

双方开战前，必须按规定好的位置把棋子摆放好（见图 1-2）。

双方摆好棋子后，对弈时按规定是红方先走黑方后走，接着双方轮换走子，每次只能走一步，直至分出胜负或走成和棋为止。棋语有云"红先黑后，输了不臭"，指的是走子要遵循一定的规矩。

认识了棋盘和棋子后，接着就要来具体学习如何行棋、各子的走棋规则及如何运用各子。下面介绍各个兵种的走法。

将（帅）：红方为"帅"，黑方为"将"。帅和将是棋中的首脑，是双方竭力争夺的目标。只限在九宫内活动，每步只能走一格，进、退、左、右均可以走，但不能斜着走。帅与将不能在同一直线上直接对面，否则走方判负。

车：兵种中最强大的棋子，可以任意进、退和左、右行进，不限格数。凡遇途中有敌子，就可以把敌子消灭掉，而后停在被消灭的棋子处，但行走时中间有子就不能越过去。一车最多可以控制十七个据点，故有"一车十子寒"之称。

炮：此子的行棋调动与"车"一样，但是吃子(消灭对方子)却必须中间隔一子（己方或对方棋子均可）才可以。俗称"隔座山才可以吃子"。

马：行棋的方法是走"日"字格对角，即走一直（或一横）再一斜，可进可退。但有"蹩马腿"（俗称"憋马脚"）的限制，即在行走路线的一直（或一横）有任何子在时，马就不能跳了。

兵（卒）：直行兵种，每步只能直进一格，过了"河界"之后允许向左或向右横走，每步也只许走一格，但不允许后退。即使这样，兵（卒）的威力也大大增强，故有"过河卒子顶大车"之说。

士（仕）：只能在九宫内活动，每步只能斜行一格，即在"米"字的两条交叉线上行走，可进可退。

象（相）：只限在己方域内活动，即在自己的"河界"内行走，不许过"河界"，斜行一个"田"字对角点（也可理解为斜着尖两格），可进可退。但当"田"字中间有任何棋子在（尖一格时有棋子挡住），即所谓的"塞象眼"，就不能飞过。

以上简单介绍了七个兵种的行棋方法和吃子方法。关于棋子的行走，人们形象地编成棋谣："**马走'日'，相走'田'，炮打隔'山'子，车走'一溜烟'。兵卒只能行一步，过河横走进向前。**"还有一种说法是：

将军不离九宫内，士只相随不出宫。象飞四方营四角，马行一步一尖冲。

炮须隔子打一子，车行直路任西东。唯卒只能行一步，过河横进退无踪。

根据以上这些"口诀"，可以更形象地来理解行棋规则，掌握各子的行棋方法。

象棋的吃子方法除了炮这个兵种特殊一点以外，其他各子的吃子方法都与各子的走法一样，即凡己方棋子所到达的位置上有敌方之子就可消灭（吃掉），然后自己的棋子停放在那个位置上。炮吃子必须中间隔个子才行，对此大家要特别注意。

三、行棋记录

棋谱上每步着法，都用四个字来表示。这四个字，第一个字是此步所要走的棋子名称；第二个字（数字）是该棋子行棋前在第几路上，即此子的原始位置；第三个字是行棋方向（进、退、平），进是以己方为准往前走，退是以己方为准往回走，平指在同一条横线上来回移动；第四个字（数字）是表明该棋子所到达的位置。举例来说："炮二平五"，就是把在二路上的红炮平（即横移）到第五路上去，"马2进3"，是把处在2路线上的黑马，走"日"字对角，以己方为准，往前行进到3路线上去。与马的进退不同的是，车（也包括炮和兵）进退时，第四个字指的是进退的格数。例如，"车二进五"指的是二路红车前进五格。

有一点一定要特别注意，就是双方的进、退、平都是针对于己方来说，不管己方的棋子在哪里，有没有过河。有时在同一线路上有两个同样的棋子，例如两个红炮，则棋谱上要标明是前炮或后炮。

第二节　象棋规则简介

学习和欣赏象棋，首先要了解象棋规则，知道什么情况下算赢棋，什么情况下算输棋，什么招法是允许的，什么招法是禁止的，正所谓要"循规蹈矩"。俗话说"不以规矩，不能成方圆"，象棋这种艺术形式也和其他体育运动一样，有自己的规则。下面简单介绍象棋规则中关于胜负和的判定。

一、象棋规则

在对局时，出现下面三种情况之一者，判为输棋，对方获胜：

①将帅被对方将死；②被困毙（也称欠行）；③行棋违反禁例。

出现下面三种情况之一者，判为和棋。

①双方理论上都没有取胜的可能；②双方循环往复达到三次，符合"不变作和"的规定；③双方行棋走满自然限着60个回合，都没有吃子。

（一）将死

对局中，被将军的一方如无法应将，就算被将死，判对方获胜。如图1-3所示，红方现在炮对黑将"叫将"，即下一步红炮要吃掉黑将，黑方的将不可走到中间，因红方有帅在中间，利用将帅不能碰面的规则，所以黑将无路可走，又没有其他棋子来解救，所以黑将被将死了，红方胜。

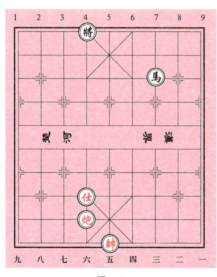
图1-3

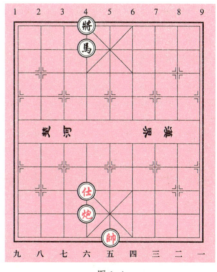
图1-4

（二）困毙

当轮到一方走子时，没有子可走，就算被困毙。如图1-4所示，黑方出现了无子可动的局面，即困毙死。

困毙也称"欠行"。在对局中，用己方的棋子困对方将（帅），使对方无棋可动而认输，一般运用控制、制约的手段来实现。

象棋棋例中的禁例情况比较复杂。下面介绍几条最基本的要求：

①单方面常将，不变判负。但是常将对常将时，不变判和。

②双方均为禁止招法，例如，长杀对长杀等，常捉对常捉等，不变判和。

③单方面常打，不变判负。

④双方均不构成常打时，循环往复，不变作和。

其中，长将、长杀、长捉、一将一杀、一将一捉、一杀一捉等循环重复的攻击手段，统称为"禁止着法"。闲着（包含：兑、献、拦、跟）、数将一闲、数杀一闲、数捉一闲等着法，无论是否重复，统称为"允许着法"。

二、棋例分析

第一局　单方面常将，不变判负

本局如图1-5所示。

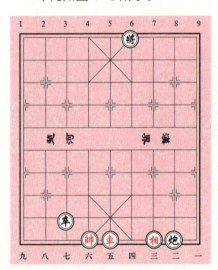

图1-5

　　1.车五平四，将6平5；2.车四平五，将5平6；3.车五平四，将6平5；

　　4.车四平五，将5平6；5.车五平四，将6平5。

　　无论什么理由都不允许单方常将。红方不变招，尽管除了车之外，红方没有任何其他子可以走动，因为红方是单方面常将，也要判红方负。

　　初级棋迷可能会有这样的疑问，干脆把红车吃掉算了，为什么总让他将啊？

可是如果真的这么做了，黑方将不会赢棋了。也就是说这局棋黑方只能利用棋规取胜。

第二局 常将对常将，不变判和

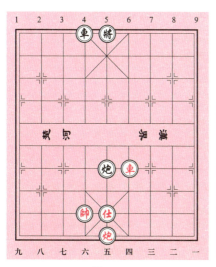

图1-6

当双方均为常将时，循环往复不变，则判为和棋。这种情况在人工排局中偶有出现，在实战中极为罕见。例如笔者排拟的如图1-6所示。

1.仕五进六，炮5平4；2.仕六退五，炮4平5；3.仕五进六，炮5平4；

4.仕六退五，炮4平5；5.仕五进六，炮5平4；双方都是常将对常将，双方都不能变着，和棋。

第三局 单方面常打，不变判负（一）

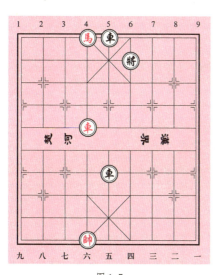

图1-7

将、杀、捉，统称为打，如果一方常打，另外一方走的是常闲，或者多打一闲，则判长打方负。如图1-7所示。

1.车六平四，将6平5；2.车四平六，将5平6；3.车六平四，将6平5；

4.车四平六，将5平6；5.车六平四，将6平5；6.车四平六，将5平6。

此时，红方是一将一杀，黑方是两闲，不变判黑胜。此局，如果红方变招也是黑胜，改走车六进一，黑则前车5平6，以下再车6退4，将6退1，底车就解放

了，必胜红方。

值得提出的是，按照棋例规定，将帅、兵卒作战能力较小，允许长捉，按照闲着处理，但是出现互打局面时，仍按照捉处理。

第四局　单方面常打，不变判负（二）

本局黑方危在旦夕，属于进攻无望，防守无力，因此想通过多将一杀赖和，但是属于单方面违反棋规，仍要判红胜。如图1-8所示。

1. 帅六平五，车6退1；2. 帅五退一，马2退4；3. 帅五平六，车6进1；

4. 帅六进一，马4进2；5. 帅六平五，车6退1；6. 帅五退一，马2退4；

7. 帅五平六，车6进1；8. 帅六进一，马4进2；9. 帅六平五，车6退1；红胜[①]。

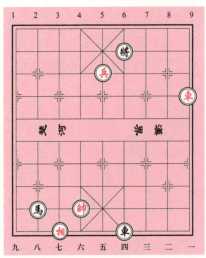

图1-8

注释：
①重复局面出现三次，黑方几步招法单方面多将一杀，全部是禁止招法，单方面违反棋规，判红胜。

第五局　单方面长打，不变判负（三）

在单车必胜单马双士的残局中，有一种变化如图1-9所示。

1. 车三平二，马9退7；2. 车二平三，马7进9；3. 车三平二，马9退7；

4. 车二平三，马7进9；5. 车三平二，马9退7；6. 车二平三，马7进9。

本变中，红方是一捉一闲，黑方是马常捉车，不变判红胜。当然，就单车必胜单马双士的残局而言，不利用棋规也照样可以取胜。

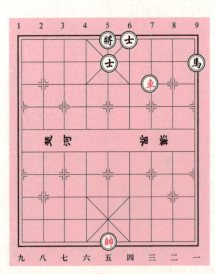

图1-9

第六局　不变作和（一）

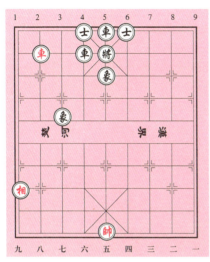

图 1-10

双方均不构成常打时，循环往复，不变作和。图中子力对比虽然强烈，红方一车对黑方两个车，红方后防仅有一只相守护，非常危险。但是红方妙用棋规可以谋和。如图 1-10 所示。

1. 车八退二，车 4 进 3；2. 车八进二，车 4 退 3；3. 车八退二，车 4 进 3；

4. 车八进二，车 4 退 3；5. 车八退二，车 4 进 3；6. 车八进二，车 4 退 3。

红方是一将一闲，黑方是两闲，双方均为允许招法，不变作和。此局黑方求变也不能取胜，读者可自行分析。

第七局　不变作和（二）

图 1-11 这个棋局稍微复杂一点，走棋过程如下，请读者按照现行棋例分析评判结果。

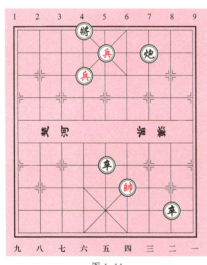

图 1-11

1. 兵五平六，将 4 平 5；2. 后兵平五，卒 5 平 6；3. 帅四平五，炮 7 进 8；

4. 兵六平五①，将 5 平 4；5. 后兵平六，卒 6 平 5；6. 帅五平四，炮 7 退 8；

7. 兵五平六，将 4 平 5；8. 后兵平五，卒 5 平 6；9. 帅四平五，炮 7 进 8；

10. 兵六平五，将 5 平 4；11. 后兵平六，卒 6 平 5；12. 帅五平四，炮 7 退 8；和棋。

如此循环往复不变，红方在一个循环的六个回合内是一将一杀一闲一将一杀一闲，黑方是一杀一将一闲一闲一将一闲，均不构成长打，均是允许招法，不变作和。

本局双方均不能变招，变招则要输棋。例如①时红方如果要求强行变招，改走帅五平六，则炮 8 平 5；兵五平四，卒 6 平 5；兵四进一，卒 5 平 4；帅六退一，炮 5 退 4；帅六平五，卒 8 平 7；以下黑胜定。

第八局 长杀对长杀，不变判和

本局长杀对长杀，双方均为禁止招法，双方均不能变着，不变判和。见图1-12。

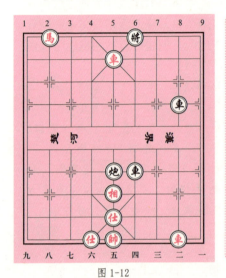

1. 车二平三，车8平7；2. 车三平一，车7平9；3. 车一平二，车9平8；

4. 车二平一，车8平9；5. 车一平二，车9平8；和棋。

图 1-12

第九局 常捉对常杀，不变判和

本局（图1-13）在双方互打时，兵卒捉子按照打处理。

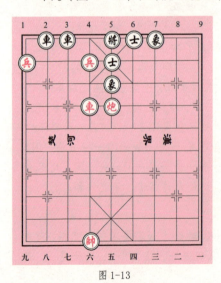

1. 兵九平八，车2平1；2. 兵八平九，车1平2；3. 兵九平八，车2平1；

4. 兵八平九，车1平2。

图 1-13

第三节 象棋子力的性能与价值

在象棋中，不同子的功能和专长是不一样的，下棋过程中，重要的是要"各尽其长，各安其位，各尽其妙"，充分发挥每个棋子的作用，才能达到预期的目的。在现实生活中，我们常说"扬长避短""取长补短""优势互补"，指的就是要充分发挥每个人的特点，尊重每个人的贡献，才能更好地发挥和创造价值，都是类似的意思。

一、车

车是整盘棋中作战能力最强的棋子，攻守兼备，进退自如，行动迅速，调动灵活，既是攻守的组织者，又是作战的中坚力量，号称为"长兵器"。车的价值用分值来算是9分。

由于车的作战能力最强，所谓"一车十子寒"，所以在开局阶段应尽量早出车，把车投入到战斗中去。"三步不出车，满盘皆输"，虽然此说法有点夸张，但也可见尽早出车是何等的重要，体现出车在整盘棋中的重要性。

中局阶段，车应该占据己方河口或双方的"卒林"线，可以配合其他棋子活动。"缺士怕双车"，如果对方缺士，一定不要轻易兑车，可以和其他子力配合进行攻击。

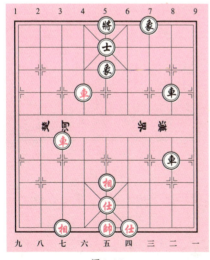

图 1-14

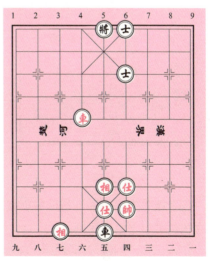

图 1-15

如图 1-14 所示，双方子力相等，但黑方缺个士，目前轮到红方走子，假如车交换掉就和棋已定，此局肯定是不能交换车的，因为有直接入局的棋。红接走车六进二，黑如将 5 平 6，则车七进五，将 6 进 1，车七平五，红胜。这是一个很简单的例子，当对方缺士时尽量保留双车，或者也可以在机会成熟时用一子砍掉对方的士来进行进攻，这些都是在实战中应引起注意的。

残局阶段，车忌低头，应该抢占中路和高位，这样有利于攻守。由于车是大子，所以我们在运用它的时候尽量注意它的安全性，尽量做到"车不立险地"，尽量保持"通头车"，这样有利于局面的发展。

再例如下面这一局（图 1-15），虽然黑方有强车，但是被红方关门以后，武艺无从施展，只能徒手待毙。

车不仅进攻威力最大，其实，车在劣势情况下的防守作用也不容忽视。例如，本局（图 1-16）即是单车妙和车马双士的局例。

帅五进一，车 4 进 2；车八进一，车 4 退 2；车八退一，车 4 平 3；车八退二，和棋。

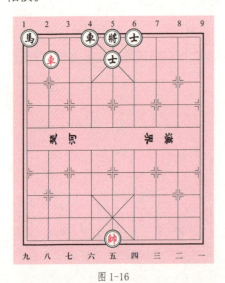

图 1-16

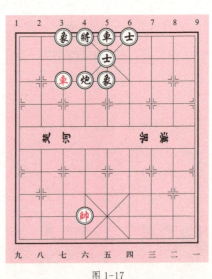

图 1-17

陈孝坤先生是原浙江省队象棋教练，下面这一局（图 1-17）是他介绍的一则单车巧和车炮士象全局例。

1. 帅六进一，将 4 进 1；2. 车七进一，将 4 退 1；3. 车七退一，将 4 进 1；
4. 车七进一，将 4 退 1；5. 车七退一；红方一将一闲对黑方两闲，和棋。

二、马

马的分值为4分。马具有面的控制力，属于短距离的作战兵种，所以也号称为"短兵器"。

马由于有"憋马脚"的尴尬，所以在运用它的时候要极其注意，在开局的时候，马不可贸然前进。因为在开局阶段，双方的子力较多，容易给马造成堵塞，出现"憋马脚"，不便通行。所以有说法"车前马后"，就是说车在前面开路，马再从后跟上，才是运马的上策。

马向来有"八面威风"之说，但也要具体形势具体分析。我们知道马应尽量往中间运，所谓"马逢边必死"，虽然说得有些夸张，但也是很有道理的。

由于马是短兵器，所以有机会就应该与长兵器进行交相配合。在残局时，若对方缺士，尽量保留己方的马，"缺士怕马"，如果再与车配合，车马冷着，可谓是潇洒自如。

马的防守价值——单马和双卒

马和炮作用刚好相反，在开局时，容易绊马脚，马的力量不如炮，残局时，力量倍增，所以棋语"残局马胜炮"，是对马的赞誉。马与车组合，可以形成"卧槽马""挂角马""钓鱼马""柳条穿鱼""立马车""白马现蹄"等著名杀法，"双马饮泉"是双马组合形成的经典杀法，至今仍具有较强的实战指导意义。在防守方面，一般马高兵可必胜炮象，但不能必胜马象；马炮无士相可必胜炮双士，但不能必胜马双士。这又体现了棋盘上大与小、多与少、强与弱的辩证观点。

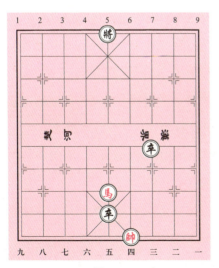

图1-18

本局（图1-18）是单马守和双卒，单炮是无法守和的。马要防守，有进退两种棋路可供选择，要辨明真伪。

1.马五退七①，卒7进1；2.马七进六，卒5平4；3.马六进五，将5进1②；

4.帅四进一，将5退1；5.帅四退一，卒4平5；6.马五退六，卒5平4；

7.马六进五；和。

注释：

① 马五进六（？），卒7进1；马六退七，卒5平4；帅四进一，卒7平6；帅四退一，卒6进1；马七退五，卒4平5；黑胜。

② 卒7进1；帅四进一，将5进1；马五退六，将5退1；马六退五；也是和棋。

三、炮

炮的分值为4.5分，是远距离作战兵种，号称为"长兵器"，机动性和突击性较强。开局时炮显得比马灵活，这一点应该也是好理解的，因为炮的伸缩性较好，左右来回自由，开局时也不易受任何子的阻挡，反而开局子力的存在给炮更多的"炮架子"，所以开局时炮显得比马灵活也就不足为奇了。由此也可得出开局时炮尽量不要与马进行交换的结论，此时在价值上炮显得比马要高。

炮应该远慑，不可虚发，让对手犹如芒刺在背，坐立不安，此为最高明之招。如《孙子兵法》中所说："是故百战百胜，非善之善者也；不战而屈人之兵，善之善者也。"意思是百战百胜，不算是好中最好的，不战而使敌人屈服，才算是好中最好的。用炮也一样，有时并不一定要发出去，而是控制着，牵制住局面，才是最高明的。不用一兵一卒而屈人之兵，此乃上上策也！

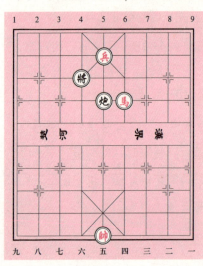

图1-19

进入残局阶段，由于子力的减少，"炮架子"也就跟着减少了，自然就削弱了炮的作战能力。所以要"残局炮归家"，利用己方的士象来做炮架子，达到攻击目的。

当对方缺象的时候，己方应该尽量保留下炮，"缺象怕炮"。"有炮需留他家士"，是说利用对方的士来当炮架子，充分地利用敌方的子力。

炮可以组合成许多著名的杀法，与车组合可以形成"炮碾丹砂""夹车炮""铁门栓""海底捞月"等杀法，与马组合，可以形成最著名的杀法"马后炮",与炮组合可以形成"天地炮""重炮杀""双杯献酒"等杀法。开局时炮的威力比马大,但是残局时由于子力减少,进攻力有所减弱,但防守作用仍然非常强大,例如炮双士可和单车,双炮士象全可和双车,单炮可和马低兵,炮双象可和双马,这些都是马所不能及的。

图 1-19 是单炮守和马低兵的图例,有较强的实用价值。

四、兵(卒)

兵(卒)的价值难以用一个定值来衡量,因为它是处在一个不断变化、升值的状态,随着兵位置的变化,它的价值也会发生变化。

开局五个兵(卒)中,三、五、七路兵相对来说比较重要,尤其是中兵,是中路的屏障,不可轻易丢弃。三、七兵对活马起到重要的作用,请记住"兵能制马"的棋谚。

兵(卒)是最容易被疏忽的一个兵种,有人以为兵的得与弃无损大局,有此想法的读者应该注意了,兵(卒)的作用不是一时的显赫,而是在实战中逐渐地发挥。毛泽东曾说过:"星星之火,可以燎原"。那么兵就是"星星",不经意间就可以"燎原"。特别是在残局阶段,一定程度上兵卒的多少,决定这盘棋的胜负。所以,在实战中应该注意对兵(卒)的保护。

下棋在很多情况下都是利用兵(卒)做先锋,具有投石问路的效果。我们知道兵只进不退,所以尽量不要把兵冲到底线。棋谚说"老卒无功",所以冲底兵时要慎重。

兵(卒)在棋盘上数量最多,开局时力量微不足道,到残局时往往力量陡增,成为决定棋局胜负的关键。在进攻中,三高兵必胜士象全,必胜马双士,必胜炮双士,都是著名的实用残局。在防守中三卒可和车,双卒士(象)可和车,双卒双士可和车,都是初学象棋者必须掌握的基本功。

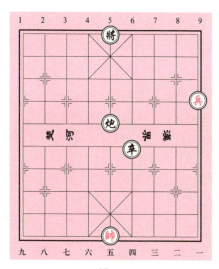

图 1-20

兵（卒）的防守价值——高兵例和炮高卒

本局（图 1-20）中，红方一兵起到了一个马或者一个炮的作用，或者说起到了黑方单士象，或者双士起不到的作用。黑方取胜的条件：①将在中路露头②卒帅同侧，两条缺一不可。所以红方对应的办法就是帅占中，如果被赶走一定要尽快回来。红兵不要冲低，就不会被打死，走闲即可。

此例如果红兵换成双士或者单士单象，则黑方胜定，由此观之，红兵的防守能力有时比双士或者单士象要强。

五、防守门户——相（象）

相的分值为 2.5 分。从相的行棋规则中就可知它是防守子力，不能过河界，只能在己方的地盘上行走。

在开局阶段，相要尽量保持连环，以协调各子行兵列阵，否则将有损于阵形的工整性。在对局过程中也不宜轻动、多动。

但相除了防御性外，还有一定的助攻作用，特别是在残局阶段，可以给己方的炮做炮架子，也可以给己方的棋子提供"落脚之地"。还有一点要注意的是当对方有炮时，己方的相不可轻易被吃，因为"缺象怕炮"。

相的价值——相的助攻和防守

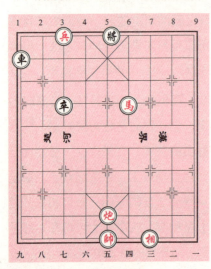

图 1-21

本局（图 1-21）体现了相的助攻和防守作用。

1. 相三进五①，将 5 平 6；2. 相五退七，车 1 进 7；3. 兵七平六，将 6 进 1；
4. 炮五进二，车 1 平 6；5. 炮五平四，车 6 退 2；6. 马四进二，将 6 进 1；
7. 马二退三，将 6 退 1；8. 马三退四；红胜。

注释：
①兵七平六（急于用兵将军则红方不能取胜）（??）将5平4；炮五平六，车1平5（!!）（仅有的防守大子也不要了吗？真是艺高人胆大啊！）；马四进五，将4平5；炮六进二，卒3进1；炮六平二，卒3进1；炮二平四，卒3进1；相三进一；红马被拴连，有卒走闲，红方无法可胜，和棋。

六、贴身护卫——士（仕）

士的分值为2.5分。士的活动范围比象还要小，不能走出"九宫"，紧贴在将的旁边，在将帅的左右或前后保护将帅的安全。所以士具有贴身护卫般的防御作用，它的存亡直接关系将帅的安危。

士在实战过程中宜静不宜动，无事尽量不要去动士。士与象一样，除了防御性外，还有一定的助攻作用，特别是在残局阶段，可以给己方的炮做炮架子，也可以给己方的棋子提供"落脚之地"。"撑起羊角士，不怕马来攻"，所以当马来攻击时，尽量撑起羊角士。对方有车马时，尽量保护己方的士，因为"缺士怕车马"。

士象作为棋盘中不能过河的兵种，它们的作战能力自然是比不上上述介绍的"海陆空"兵种，但它们也是棋盘中非常重要的兵种，对于防守起到了决定性的作用。所谓"象棋象棋，没象不叫棋"，可见士象作为门户的子力的重要性。

七、胜负标志——帅（将）

帅（将）是整盘棋的胜负标志，虽然它没有什么作战能力，却是至关重要的一颗棋子，是"全军之主"。我们整盘棋都是围绕着它而展开的，将帅的安全性是至关重要的。

就实战能力而言，它处于九宫弹丸之地，一步只能走一格，行动迟缓。在开、中局阶段，它一般发挥不出作用，应该藏在原始位置。但在残局阶段，根据战局的需要，将帅可以利用相互不能在同一直线上直接见面的规则控制一条直线，配合其他兵种作战，起到助攻的作用。将帅在全局的各个阶段都应以"静"为原则，除非万不得已不要轻易移动。由于将帅是胜负的标志，所以也是双方的重点保护对象，一般情况下是不直接参加战斗的。

以上对这七个兵种的作用及其运用原则作了简单的说明，虽然万事都不是绝对的，但读者在实战中可以以此作标准、作指导，再根据具体情况来判断。孙子兵法云："故知兵之将，生民之司命，国家安危之主也。"就是说知道用兵之法的将帅，是民众命运的掌握者，是国家安危的主宰者。下棋不也是如此吗？我们在实战中运用这些兵种，就好比在战场，掌握着十六个子的生杀大权，是战场上的统帅，指挥着千军万马。只有正确地认识了所要指挥的兵将，才能更好地用兵，更好地发挥不同兵种的作用，这是作为统帅所必备的技能。

第二章 象棋基本杀法

在象棋对弈过程中，取胜的方法主要是将死对方的将帅，那么培养锻炼攻杀意识，就是象棋初学者所必须要训练的基本内容。掌握基本杀法有助于提高对局面认识的敏锐性，把握稍纵即逝的机会，对象棋爱好者提高棋艺水平和算度能力很有帮助。人生如棋，棋如人生，机会往往都是在瞬间出现的，只有你能准确地不失时机地把握它，才能充分发挥自己的才干，成为未来的强者。

象棋的基本战术杀法类型较多，本章仅介绍几种常见的双兵种构成的组合杀法。

第一节 双车的基本杀法

顾名思义，是靠两个车连续将军，最后把对方将死。这种杀法是在对方缺士（仕）或主帅（将）受攻时使用，攻击迅猛，难以抵挡。需要注意的是，两个车往往需要在不同的直线上，才能方便成杀。

第一局 纵向双车错杀法

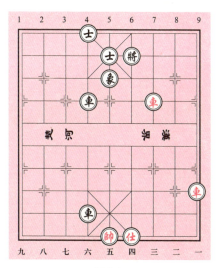

图 2-1

本局（图2-1）是两个车都在将的一侧，红方先走，可以通过连续将军取胜。

车三进二，将6退1；车一进七，象5退7；车一平三；红胜。

本局如果黑方先走，也可以通过双车杀取胜。招法为：

前车进1；帅五进一，后车进5；帅五进一，前车平5；仕四进五，车5退1；黑胜。

第二局　横向双车错杀法

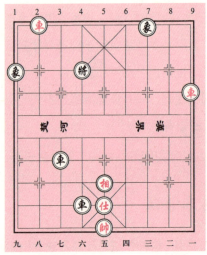

图 2-2

本局（图 2-2）由于黑车占据了纵向双车错的关键防守位置，纵向双车错不能奏效，但是仍能够用横向双车错获得胜利。招法为：

车八平六，将4平5；车一平五，将5平6；车六平四；红胜。本局如果黑方先走，也同样可以用纵向双车错杀法取胜。

第三局　隔步双车错杀法

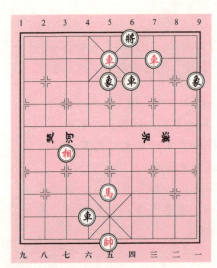

图 2-3

在实战中有时可以通过连续制造双车错的威胁，获得胜利。下面举一个例子（图 2-3）：

车三平二，象5退7；车五平三，将6平5；车三进一，车6退2；车三退一，将5平4；车三平七；绝杀无解，红胜。

本局如果黑方先走，也可以通过隔步双车错杀的方法取胜，读者可以自行分析。

第四局　实战中的双车错杀法

本局是从网络上搜集的图式（图2-4），轮到红方走棋，红方本可以采用双车错杀法取胜，不料走子有误，非但没有取胜，还惨遭失败，非常可惜。实战：

车九进四，将4进1；车八进八，将4进1；车九退一，炮5平8；黑方绝杀。

本局的正确招法为：车九进四，将4进1；车八进七（进车控制纵向，这样黑方在劫难逃，无法抵挡红方的杀招）。其实这种控制的运用在很多杀局里都能体现，读者一定要细心体会。

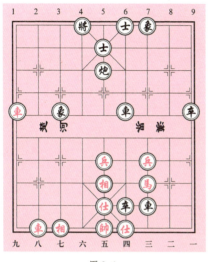

图2-4

第二节　双炮基本杀法

第一局　双杯献酒杀法

双杯献酒是采用重炮或者担子炮攻击对方底线，从而构成闷宫杀的招法（图2-5）。实战中虽然用此杀法获胜的情况并不多，但是此招法经常会成为一方牵制另外一方的重要的攻击手段。棋谚有云"一杯不醉两杯醉"。

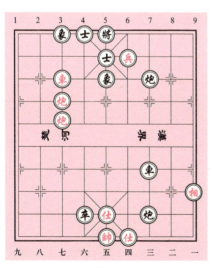

图2-5

第二局 重炮杀(一)

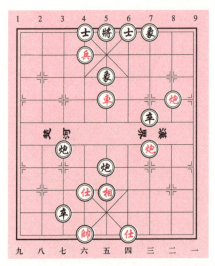

图 2-6

重炮杀(双炮)指一方双炮在一条直线或横线上重叠相呼应,一只炮当炮架,另一只炮将军,一举获胜的杀法。重炮杀是双炮的重要杀法,如本局(图2-6)所示,红方2个回合取胜。招法为:

炮三进五,士6进5;炮二进三;红胜。本局如果黑方先走,也可以通过双重炮杀法取胜,招法为:卒3平4,帅六进一;炮3平4,仕六退五;炮5平4;黑胜。

第三局 重炮杀(二)

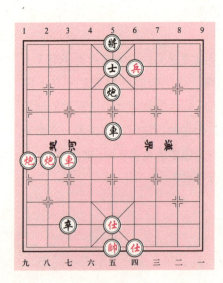

图 2-7

本局(图2-7)也是一则非常精彩的重炮杀的例子。

车七进五,士5退4;兵四平五,将5进1;车七退一,将5退1;炮九进五,士4进5;炮八进五;红胜。

第四局　重炮杀（三）

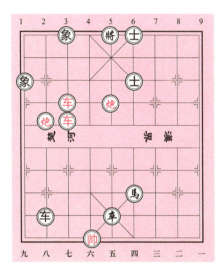

图 2-8

本局（图2-8）是弃车妙杀局。红方连续弃掉双车，最后走成重炮杀。

1.前车进三（！），象1退3；2.车七进四，将5进1；3.车七平五（！！），将5平6；4.炮八平四，士6退5；5.炮五平四；红胜。

第三节　车炮的组合杀法

第一局　铁门栓（一）

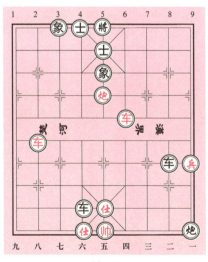

图 2-9

铁门栓是车炮的重要组合杀法。炮镇中路，拴住对方将、士、象等子力，用车扼控肋道，封死将门，使对方的主将不能自由活动，然后亮帅助攻，用车直接贴将，巧妙地把对方的老将捕杀。如图2-9所示。

帅五平四，车8退6；车八平四，车4退5；前车进四，车8平6；车四进五；红胜。

第二局　铁门栓（二）

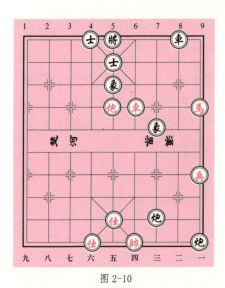

本局（图 2-10）红方巧妙用马阻挡住黑车的防守要点，最后采用铁门栓杀法取胜。本局如果黑方先走，则可以用夹车炮杀法取胜。

图 2-10

第三局　铁门栓（三）（图 2-11）

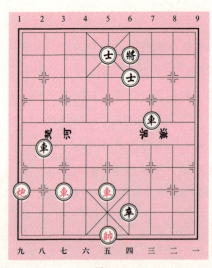

炮九进六，车 2 退 4；车五进六（!!），士 6 退 5；车七平四；构成铁门栓绝杀，红胜。

图 2-11

第四局　大刀剜心（一）——连杀

大刀剜心的杀法在实战对局中经常遇到，其杀法要领是，以车杀去中心士，再辅助以其他攻杀手段获取胜利，是车炮最为有效的攻杀手段之一。

本局（图2-12）红方先走：

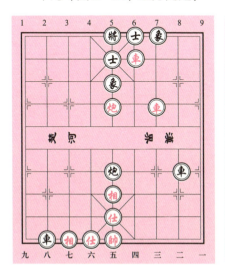

车四平五，将5平4（如果士6进5，车三进三，黑立败）；车五进一，将4进1；车三进二，士6进5；车五退一，将4退1；车五平六；红胜。

本局如果黑方先走，虽然不能连续将军取胜，但是也可以通过大刀剜心的杀法威胁，隔步取胜。

图2-12

第五局　大刀剜心（二）——隔步杀

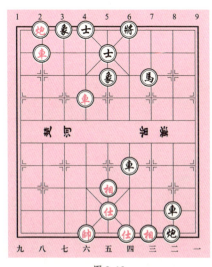

本局（图2-13）是红黑双方都可以通过大刀剜心隔步杀取胜的例子。红先胜招法为：

车八平五，马7退5；车六进三，将6进1；车六平四；红胜。

图2-13

第六局　大刀剜心（三）——车不吃花心士杀法（图2-14）

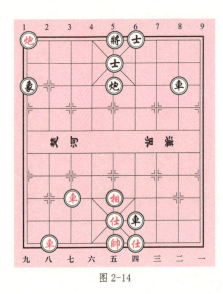

车八进九，士5退4；车八退一，士4进5；车七进七，士5退4；车七退一，士4进5；车八进一，士5退4；车七平五，将5进1；车八退一；妙杀，红胜。

本局如果黑方先走，可以通过大刀剜心的威胁招法挖士得车胜定。

图2-14

第七局　夹车炮杀法（图2-15）

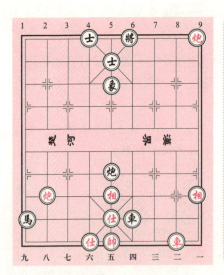

炮八进六，士5进4；炮八平三，马1退2；车二进九，将6进1；

炮一退一，将6进1；车二退二；红胜。

图2-15

第八局　天地炮杀法（图 2-16）

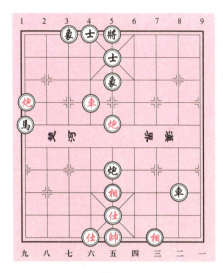

图 2-16

炮九进三（!），将 5 平 6；车六平四，将 6 平 5；帅五平四，车 8 退 7；车四平六；绝杀，红胜。

第四节　车马的组合杀法

第一局　卧槽马杀法

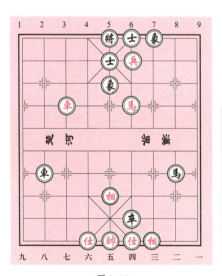

图 2-17

车马的杀法中最常见的是卧槽马。本局（图 2-17）红黑先走都可以用卧槽马取胜。第一步都要弃掉兵或者卒才有利于马的腾挪。

兵四平五，士 6 进 5；马四进三，将 5 平 4；车七平六；红胜。

第二局　挂角马杀法——白马现蹄

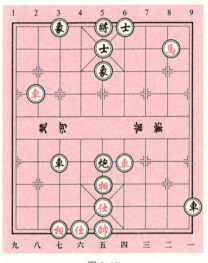

图 2-18

车（兵）强行将军或破士逼对方中士下落，使对方士角的防守据点失控，处在对方下二路横线上的马能"挂角将军"的着法，称为"白马现蹄"。由于引离士的棋子往往是车，此招又名"弃车挂玉"。如图 2-18 所示。

红先：

1. 车四进六（！！），士5退6；2. 马二退四，将5进1；3. 车八进二；"白马现蹄"杀，红胜。

本局黑先则可以用大刀剜心杀法胜，招法：

1. 车9平5，帅五平四；2. 车5进1，帅四进一；3. 车3进2，仕六进五；4. 车3平5，帅四进一；5. 前车平6；采用大刀剜心的手法，黑胜。

第三局　钓鱼马杀法

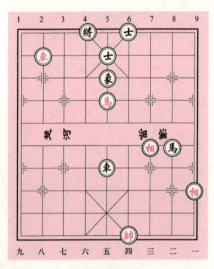

图 2-19

用马占据在对方三、三（3,3）或七、三（7,3）位置上"照将"，或者控制对方将（帅）的活动，然后借马之力，用车将死对方，称为"钓鱼马"杀法。如图 2-19 所示。

马五进七，将4平5；车八进一，象5退3；车八平七，士5退4；车七平六；红胜。

本局黑先也可用钓鱼马杀法取胜，招法：

马8进7，帅四进一；车5平6；黑胜。

第四局　高钓马杀法

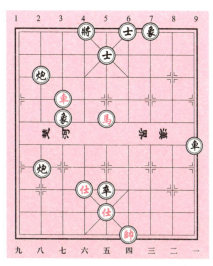

图 2-20

利用马在对方原始将（帅）位的田字格对角以上一格作策应，继而形成的攻击局面叫做高钓马。如图 2-20 所示。

红先：
1. 车七进三，将4进1；2. 马五进七，后炮平3；3. 车七退二，士5进6；4. 车七进一，将4进1；5. 车七平六；高钓马杀法，红胜。

黑先：
车9进4；帅四进一，前炮进2；仕五退六，车9退1；帅四退一，卒5进1；蜘蛛抱蛋绝杀无解，黑胜。

注释：蜘蛛抱蛋是车炮兵的组合杀法，一方小兵（卒）冲入对方九宫，与其他子力配合做杀的着法，称为"蜘蛛抱蛋"。因小兵（卒）在冲入九宫中心后，如蜘蛛进入蜘蛛网中间，故名如此。

第五局　拔簧马杀法

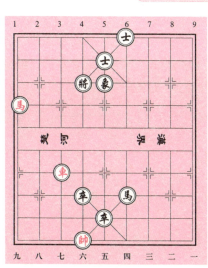

图 2-21

拔簧马就是车借助马的力量进行抽将，并最终取胜的方法。如图 2-21 所示。

马九进八，将4退1；车七进五，将4退1；车七平五；红胜。

第五节 马炮组合杀法

马后炮（马炮），中国象棋术语。一方的马与对方的将处于同一直线或同一横线，中间隔一步，再用炮在马后将军的杀法，称为"马后炮"。该杀法是残局阶段一种颇有力量的杀着。

第一局 马后炮（一）——基本杀法

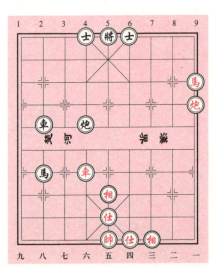

图 2-22

本局（图 2-22）红先黑先都可以采用马后炮取胜。红先招法为：

马二进三，将5进1；炮一进二；红胜。黑先招法：马2进3，车六退二；车2进5，仕五退六；车2平4，帅五进一；车4退1，帅五退一；车4平6，帅五平六；车6进1，帅六进一；马3退4；黑胜。

第二局 马后炮（二）——弃车妙杀局

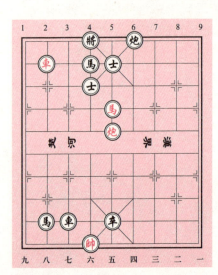

图 2-23

本局（图 2-23）红方利用闷宫杀、马后炮杀的威胁，大车如入无人之境，最后妙手献车，采用马后炮杀法取胜。

1.车八平六（！），将4平5；2.马五退七，士5进6；3.车六平五（！！），将5平4；

4.炮五平六，士4退5；5.马七进六；红胜。

第三局　马后炮（三）——马炮攻马双士实用残局

下面一局（图2-24）是一则较简单的实用残局，也是通过马后炮成杀的例子。红方通过控制黑子的活动，一举走成马后炮绝杀局面而胜。

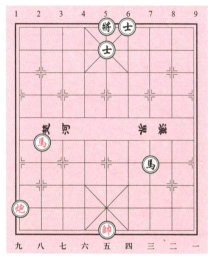

图2-24

1.炮九平三，将5平4；2.马八进七，士5进6；3.马七进八，将4进1；

4.炮三平九，马7进6；5.炮九进七；马后炮，红胜。

第四局　马后炮（四）（图2-25）

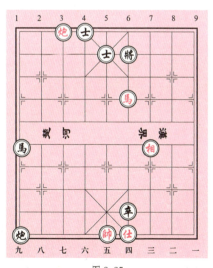

图2-25

马四进二，将6进1；炮七退一，士5进4；炮七平一；红胜。

第六节 双将杀法

双将指的是攻击方利用自己走棋的半回合内,使己方的两只棋子同时对对方形成叫将的局面。双将威力极大,因一个回合两子叫将,所以对方一般只好进行将帅的移动解将,同时很容易被抽子。

第一局 双炮打响——双炮双将杀法

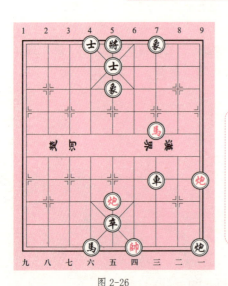

图 2-26

本局(图2-26)红方有三个进攻子力,均处于被黑方捉吃的位置,似乎取胜无望。但是仔细思考可以发现,红方可以以一种非常巧妙的杀法取胜。本局四步棋取胜。

红方采用的是双将的杀法,由于两个炮同时将军,黑将无法解救。红方先走:

1.炮一进六,象7进9;2.马三进四,将5平6;3.炮五平四,车7平6;4.马四进三;红胜。

第二局 平顶冠杀——车炮双将杀法(图2-27)

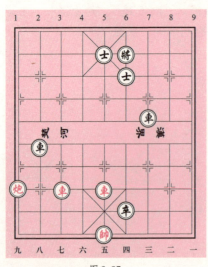

图 2-27

1.炮九进六,士5退4;2.车七进六,士4进5;3.车七平五,将6退1;4.前车进一,将6进1;5.后车进六;构成平顶冠杀,红胜。

第三局　马炮双将杀法

本局（图2-28）是由实战改编的图式，实战中轮到黑方走棋，结果错过战机反被红方取胜。其实如图局面时，黑方已经必胜。黑方先走，招法为：

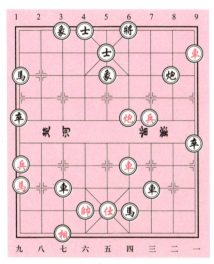

图2-28

1.车7平4；2.仕五进六，炮8进6；3.仕六退五，马6退5；4.帅六退一，车3进2；黑胜。

第四局　马炮双将杀法实战实例

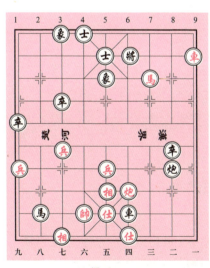

图2-29

2014年朱宝位杯团体赛第5轮：成都棋院郑惟桐VS火车头宋国强，最后就走成了马炮双将的局面，红方胜。如图2-29所示。走法为：

将6进1；马三退四，炮8平6；马四进二；红胜。

第三章 实用残局战术
第一节 左兵右将——兵类残局的进攻战术

第一局 单兵相巧胜单士

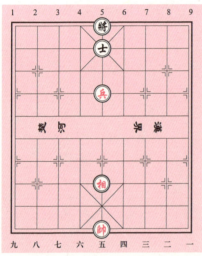

图 3-1

在象棋进攻性子力中,兵的力量最弱,在残局中一般单兵只能胜孤将,单兵相对单士,如果红兵较远,则黑方可以从容调整好防守阵形而成为和局,但是也有巧胜机会。

如图 3-1 所示,红兵相帅位置极佳,可以构成巧胜,但要懂得左兵右将的规律,否则将无功而返。

1. 兵五进一,士5退4;2. 兵五平四,士4进5①;3. 兵四进一,士5进6;4. 帅五平六,士6退5;5. 相五进七,士5进4;6. 帅六进一,士4退5;7. 帅六平五;红胜。

注释:

①若将5进1;帅五平六,将5退1;兵四进一,士4进5;相五进七,士5进4;帅六进一,将5平4;兵四平五;红胜。

若将5平6;帅五平四,士4进5;兵四进一,将6平5;帅四平五,士5退6;帅五平六(!),士6进5;相五进七,士5退6;帅六进一,士6进5;帅六平五,将5平4;兵四平五;红胜。

第二局 双兵胜单士象

一般情况下,单士象可以守和双兵,原因是士象可以组成立体防御阵势,注意保持将路通头即可以确保不败。如图 3-2 所示,如果黑方先走则将5平6,和棋;如果红方先走,则可以按照左兵右将的方法取胜。

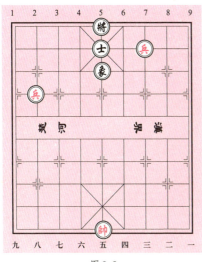

图 3-2

1. 兵三平四，士5退6；2. 帅五平六①，士6进5；3. 兵八平七，象5退3；
4. 兵七进一，象3进5；5. 帅六平五②，象5退3；6. 兵七平六，象3进1；
7. 兵六进一，象1退3；8. 兵四平五，将5平6；9. 兵六进一，象3进1；
10. 兵六平五；红胜。

注释：

① 兵控制一路，帅控制一路，是兵类残局进攻的常见套路。
② 如果红方盲目进兵，则不能取胜。

第三局　三兵胜士象全

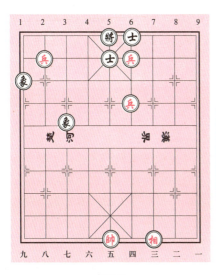

图 3-3

三兵对士象全的局势，如果有两个兵走成低兵，容易成和，关键是要使将在4或6路肋道露头，并且双象不受困。现将笔者改拟的红胜招法介绍如下（图3-3）：

1. 帅五平六①，象3退5②；2. 兵八平七，象1进3；3. 兵七平六，象3退1；
4. 前兵平五，士6进5；5. 兵四平三，士5进4；6. 兵三进一，将5平6；
7. 兵三平四，象1进3；8. 帅六平五，象5进7；9. 帅五平四，象7退5；
10. 兵四进一，将6平5；11. 兵四进一；

红胜。

注释：

① 帅平六路，控制黑将的活动范围，走成左兵右将的攻击形势，红方可

以获胜。另外，本局如果黑方先走，红方虽然无法阻止黑将占据4路肋道，但是兵可以控制双象的活动，妙用底线兵，也同样是红胜，变化如下：将5平4；后兵平五，将4进1；兵五平六，将4退1；帅五进一，将4进1（将4平5；兵六进一（!），将5平4；兵四进一，士5进4；兵四平五，将4进1；兵八平七；红胜）；兵八平七，将4退1；兵四进一（!），士5退6；兵六进一，象3退5；兵六平五，将4平5；帅五平四，将5平4；兵五平六，士6进5；兵七平六，将4平5；帅四平五，象1进3；前兵平五，将5平6；兵六进一；红胜。

② 士5进4；兵八平七，将5平4；前兵进一，象3退5；后兵进一，象5进7；后兵进一，象7退5；后兵平五；红胜。

第二节 单双数问题——双兵对卒象或者卒士的步数棋

双兵对卒象或者卒士的实用残局，涉及单双数问题，对于双兵对卒象，假定双兵到达黑方4、6路士角，黑方将上中二楼，象飞开，卒到达红帅前来计算（双方如果不这样走，也可以这样推算）。双兵对卒士，假定兵均行至九宫内象腰处，中士在士角位置撑开，黑方卒到达帅前来计算。双方单双数同，先不利；单双数不同，先有利。

第一局 双兵胜卒士

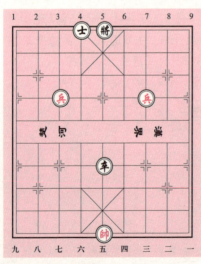

图3-4

第一局（图3-4）是曾刊载于杨官璘先生《杨官璘象棋杂谈》的作品，按照单双数规律，应为红方胜，但要注意必须从中路进兵，兵不可冲得太急，否则也可能和棋。杨先生分析棋局，黑方防守非常顽强，细致入微。本局红先胜后和。此处，笔者演示红方另外一种胜法，按照注释⑤，红方是妙用棋规取胜。

1.兵三平四，士4进5；2.兵四平五，将5平6；3.兵五进一①（!），将6平5②；

4.兵七平六③，士5退4；5.兵六平五④，士4进5；6.帅五进一（!）；士5退4⑤；

7.前兵平四，将5进1；8.兵五平六，将5平4；9.兵四平五，士4进5；

10.兵六平七，士5退6；11.兵七进一，将4退1；12.兵七进一，将4平5；

13.兵七平六，卒5平4；14.帅五平六，士6进5；15.兵五进一，将5平6；

16.兵六进一，卒4平3；17.兵六平五；红胜。

注释：

① 进驻中象位这个战略要点，准确而有利。

② 将6进1；兵七平六，士5退4；兵六平五，卒5进1；后兵平四，士4进5；兵四平三，士5退4；兵三进一，将6退1；以下与主变相仿，红方可以通过逐步紧逼而获胜。

③ 兵七进一（?），士5退4；兵五平四，将5平6；帅五平四，卒5平6；兵四平三，士4进5；兵三进一，卒6进1；兵七进一，卒6进1；帅四平五，士5进4；和。

④ 从此招起，与原谱不同。此时红方若走兵六进一（?），将5平6；兵六进一，将6进1；属于冲兵太急，和定。

⑤ 卒5平4；帅五进一，卒4平5；帅五平六，卒5平4；帅六平五，士5退4（黑卒不能常将，否则立即判负，所以变招）；前兵平六，卒4平5；帅五平四，卒5平6；帅四平五，士4进5；兵六进一，士5退4；兵五进一，将5平6；兵五平四，卒6平5；帅五平四，卒5平6；帅四平五，卒6平7；兵六进一，卒7平6；兵六平五；红胜。

第二局　双兵相胜双卒象

原载于著名象棋排局专家苏德龙《象棋残局巧胜战法》，结论为红胜，其实只要按照本节单双数的规律，可以很容易得出红胜结论。本局（图3-5）红先胜后和。

1.相五退七，卒3进1；2.相七进九①，将4进1；3.兵二平三，卒7平6；

4.兵三平四，卒6平5；5.帅五退一，将4平5；6.兵八平七，将5平4；

7.兵四平五，卒5平6；8.兵五平六，卒6平5；9.兵七平六，将4平5；

10.后兵平五，卒5平6；11.帅五进一，卒6平7；12.帅五平六，卒7平6；

13.兵五平四，卒6平7；14.帅六平五，象7退9；15.兵四进一，象9退7；

16.帅五退一，卒5进1；17.相九退七②，卒3进1；18.相七进五，卒

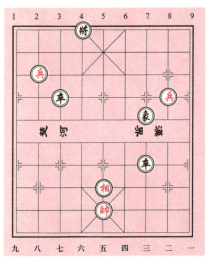

3平4；

19. 帅五平四，将5退1；20. 兵六进一，卒4平5；21. 兵四进一，卒5平6；

22. 兵六平五，将5平4；23. 兵四进一；红胜。

注释：

①调转相位，先巩固后防，再徐图进取。

②黑方欠行，黑卒被逼冲下后，再用相捉吃。

图 3-5

第三局　兵士巧和双卒士

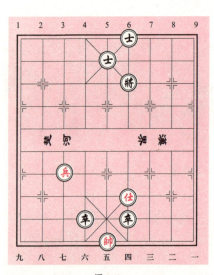

图 3-6

本局（图3-6）由于单双步数的关系，红兵刚好可以控制黑将转移至另外一侧助攻，所以是个妙和局。本局红先和，黑先黑胜。

1. 兵七进一，将6退1；2. 兵七进一，士5进4；3. 兵七进一，士6进5；

4. 兵七进一①，将6退1；5. 兵七进一，将6平5；6. 兵七平六，卒6平7；

7. 帅五平四，将5平6；8. 帅四平五，卒7平6；9. 兵六平七，士5退4；

10. 兵七平六，将6进1；11. 兵六平七；和局。

注释：

①进兵是谋和的巧招。如果误走兵七平六，则将6退1；兵六平五，将6平5；兵五平六，将5平4；兵六平五，士5退6；兵五平六，士4退5；红方欠行，黑胜。

第四局 三兵胜卒双士

本局（图3-7）是分析裘望禹先生《少子谱》时偶得的形势。其实本局不涉及单双数，无论谁先走都是红胜。

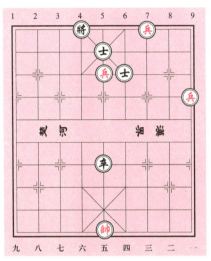

图3-7

1.兵一平二，卒5平6；2.兵二平三，卒6平5；3.后兵平四（!），卒5平6；

4.兵三平四，卒6平5；5.帅五进一，卒5平6；6.帅五进一，士5退6①；

7.兵五平四，士6进5；8.前兵平五，卒6平5；9.帅五平四，将4进1；

10.兵四平五，士5退6；11.后兵平六，士6进5；12.兵六平七，士5退6；

13.兵七进一，将4退1；14.兵七进一，将4平5；15.兵七平六，卒5平4；

16.兵五平四，卒4平5；17.兵四进一，卒5平6；18.帅四退一，士6进5；

19.兵四平五，将5平6；20.兵六进一；红胜。

注释：

①若将4进1，则前兵平五，再将四路兵转至左侧将军，红胜。

又若卒6平7；前兵平五，将4平5；兵五平四，卒7平6；前兵平五，以下参考主变招法取胜。此时黑卒不能常将，走卒6平5；帅五平四，卒5平6；帅四平五，卒6平5；帅五平四，否则立即判负，此时黑棋已经欠行而必败。

第五局 "太公坐高椅"——双兵巧和卒士

如图3-8所示，如果红方有一个骑河兵，要看单双数，如图红方两个卒林兵，则没有单双数，无论红先还是黑先走，都是和棋。这局棋被棋友称为"太公坐高椅"。

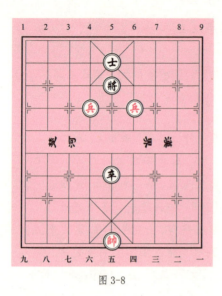

图 3-8

由此局可以看出，杨官璘的第一局如果把卒林线红兵各外开一步的排拟，当是和棋。

第六局 双兵胜马士

本局（图 3-9）黑马被牵，无法动弹，双兵可以取胜单士，但是要懂得先逃开底兵，否则黑马换底兵后，红方无法取胜。

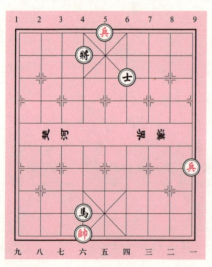

图 3-9

1.兵五平四，士6退5；2.兵四平三，士5退4；3.兵一进一，士4进5；

4.兵一进一，将4退1；5.兵一平二，士5进6；6.兵二平三，士6退5；

7.后兵进一，士5进6；8.后兵平四，士6退5；9.兵四平五，将4进1；

10.兵五进一，士5退4；11.兵三平四，士4进5；12.兵四平五，士5进6；

13.后兵平四，将4进1；14.兵五平四，将4退1；15.后兵平五，将4退1；

16.兵五进一；红胜。

第三节 未雨绸缪——三卒双士胜兵士象全

未雨绸缪是指在天还没下雨的时候，就修补好房屋的门窗。比喻事先做好准备工作。

在象棋中也要未雨绸缪吗？确实需要，请看下面这局，黑优可以获胜。但是黑在下卒之前，要先调整好士的位置，使黑将可以方便在4路和6路露头，显示了未雨绸缪的战术技巧。

第一局 三卒双士胜兵士相全（图3-10）

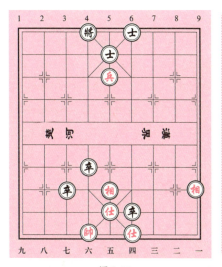

图3-10

1.将4进1；2.相五进三，士5进6①；3.相一退三，士6进5；

4.相三进一，将4退1；5.相一退三，卒4进1；6.帅六平五，卒4进1；

7.相三退五，卒4平5；8.仕四进五，卒3进1；9.仕五进六，卒3平4；

10.相五进三，将4平5；11.兵五平四，将5平6；12.兵四平三，卒6进1；黑胜。

注释：

① 不怕丢士，因为红兵吃士后，黑则将4进1；相一退三，士6进5；兵四平三，将4退1；兵三进一，将4进1；相三进一，卒4进1；帅六平五，卒4进1；相三退五，卒3进1；仕五进六，将4平5；相一进三，将5平6；仕四进五，卒4平5；仕六退五，卒3平4；仕五进四，将6平5；兵三平二，将5平4；以下也是黑胜。

第二局 三卒士象全巧胜双兵士相全

本局（图3-11）原载于《象棋研究》，是任波先生发表的作品，据说是实战中遇到的形势。与上一局类似，此局主要也是设法能够使黑将有通路，便于同时控制4、6路肋道助攻即可取胜。这需要调整好士相的位置，再下卒，否则红可谋和。此处，笔者分析了黑方简洁精妙的招法，认为16招即可取胜。

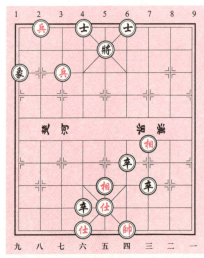

图3-11

1. 将5平6；2. 帅四平五，士6进5；3. 兵八平九，士5进4（！）①；

4. 兵九平八②，士4进5；5. 兵八平九，将6退1；6. 兵九平八，卒6进1；

7. 兵七进一③，卒6进1；8. 兵七平六，将6进1；9. 兵八平九，将6进1；

10. 兵九平八，卒7进1；11. 相三退一，卒6平5；12. 仕六进五，卒7平6；

13. 仕五进四，将6平5；14. 兵八平九，士5退6；15. 兵九平八，士4退5；

16. 兵八平九，将5平4；绝杀黑胜。

注释：

①此时，如果黑方不察，误走卒6进1（？）；仕五进四，卒7平6；士六进五，卒6进1；仕五进四，将6平5；兵七平六，将5退1；兵六进一，士4进5；相五进七；以下，黑方无法可胜，和定。

②兵七平六，士4进5；兵六平七，将6退1；兵七进一（若不进一，黑胜招法参见主变至注解③），将6进1；兵七平六，将6进1；兵六平五，将6平5；兵五平六，卒6进1；仕五进六，卒7平6；仕六进五，卒6进1；仕五进四，将5平4；黑胜。

③仕五进四，卒7平6；仕六进五，卒6进1；仕五进四，将6平5；兵七进一，将5平4；兵八平九，士5退6；兵九平八，士4退5；兵八平九，卒4进1；黑胜。

第四节 左摇右摆——马兵攻杀技巧

第一局 单马取士——七步赋诗

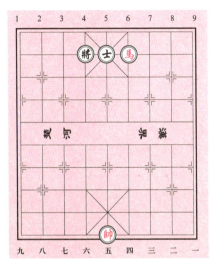

图 3-12

诗歌讲求韵律，下棋也讲究节奏，其中最为著名的是单马取士棋局，单马取士是初学者必须掌握的基本技巧，由于技巧性强，被赋予了"七步赋诗"的美誉，让我们先欣赏其杀法过程（图3-12）。

1.马四退五，将4进1；2.马五进三，士5进6[①]；3.马三退四，士6退5；

4.马四进六，士5退6；5.马六进八，士6进5；6.马八进七，将4退1；

7.马七退五；得士胜。

注释：

① 若士5退4；马三退二，将4退1；马二进四；红方得士胜。

第二局 单马取士——八步赶蝉（图3-13）

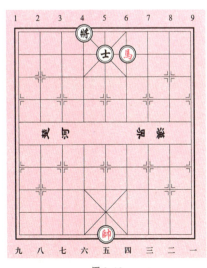

图 3-13

对于单马取士，还有一种典型棋局，叫"八步赶蝉"，其胜法为：

1.马四退五，士5进6；2.马五进七，将4进1；3.帅五进一[①]，将4进1；

4.马七退八，士6退5；5.马八进六，士5退6；6.马六进八，士6进5；

7.马八进七，将4退1；8.马七退五；得士胜。

注释：

①良好的等招，逼使黑将上山顶，为马进将头，再冲向炮台位置禁将士赢得有利时机，是这一定式胜法的关键步骤。

第三局 马兵胜炮卒

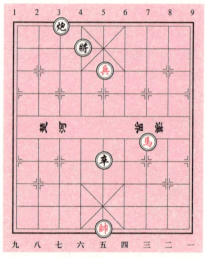

图3-14

本局（图3-14）是马低兵胜炮高卒的实例，虽然黑方进行了顽强的抵抗，但是红马兵在帅的遥控配合下，通过先从左侧攻击、再转向右侧攻击、再转向左侧攻击的"左摇右摆"攻击手段，终于使黑炮无法跟上红马，红方从而对黑方形成绝杀之势而获得胜利。

1. 马三进四，将4退1[①]；2. 兵五进一，卒5平6；3. 马四退六，炮3进1；

4. 马六进七[②]，卒6平5[③]；5. 马七退五，炮3平2；6. 兵五平六，将4平5；

7. 马五进七，将5平6；8. 兵六平五，炮2进4；9. 帅五平六，炮2平8[④]；

10. 马七退五，炮8退4；11. 兵五平四，将6平5；12. 马五进三，卒5平4；

13. 兵四平五，将5平4；14. 马三退五，炮8进4；15. 马五进七[⑤]，红胜。

注释：

①炮3进1；兵五平六，将4退1；马四退六，卒5平4；马六进七，卒4平5；帅五平六，卒5平4；帅六进一，将4平5；兵六进一；炮3平2；兵六平五，将5平6；马七退五；下步绝杀红胜。

②红方首先从左侧牵制，进而调整马兵的位置，为打开防守方的漏洞创造条件。

③卒6平7；帅五进一，卒7进1；马七退五，炮3平2；兵五平六，将4平5；帅五平四，炮2进5；马五进七，炮2平6；兵六平五，将5平6；马七退五，炮6退3；马五退七，炮6进4；马七进六；下步绝杀红胜。

④针对红方马兵进攻方向的转移，黑炮也转移到另外一侧进行防守，是较为顽强的应着。另外如果改走炮2平5；马七退六，卒5平4；马六进四，炮5退3；马四退二；下步绝杀红早胜。

⑤最后，红马再转向另外一侧，由于黑炮跟不上马，最终瓦解了黑方的防御。

第四局　马低兵巧胜炮士

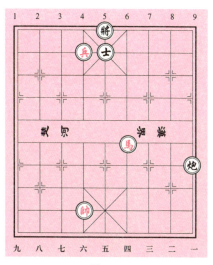

图 3-15

马低兵对炮士残局，炮士方以"单炮保士"或"太师座椅"的形势防守可以守和，其他形势则难逃一败。图 3-15 改编自王嘉良先生编著的《象棋残局大全》，原局是个精巧的和局。此局笔者把红帅前置一格，局面焕然一新，成为用左兵右将的攻击手段取胜的巧妙的红胜局。

　　1. 帅六平五，炮 9 平 5；2. 马四进六，炮 5 退 2①；3. 马六进五，士 5 进 6；
　　4. 马五退四，将 5 平 6；5. 帅五平四（!），将 6 进 1②；6. 马四退二，炮 5 平 8；
　　7. 帅四进一，炮 8 平 7；8. 马二进三，将 6 退 1；9. 兵六平五，炮 7 进 1；
　　10. 马三进二，炮 7 退 4；11. 帅四退一；红胜。

注释：
①炮 5 退 3；兵六平五，将 5 进 1；马六进七，将 5 退 1；马七退五；红胜。
②若将 6 平 5，马四进二，将 5 平 6；马二进四，将 6 进 1；兵六平五，将 6 平 5；马四退五；红胜。
又若炮 5 进 3；马四进六，炮 5 退 4；兵六平五，炮 5 平 6；马六进四，炮 6 平 1；帅四平五；红胜。

第五局　马兵和马象

本局（图 3-16）曾刊载于屠景明编著的《象棋残局例典》，原作和局。但笔者认为，本局红方可以巧胜。此处先分析红胜招法，然后再分析黑方正确的谋和方法。

　　1. 马五进三，马 8 退 7；2. 帅五进一①（!）象 5 退 3②；3. 马三退五，马 7 进 5；
　　4. 马五进七，马 5 进 7③；5. 马七进六，象 3 进 5④；6. 帅五退一（!），象 5 退 3；

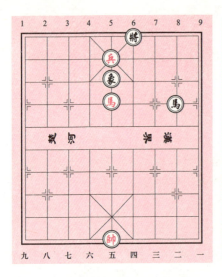

图 3-16

　　7.马六退四（!），马7退5；8.马四退二，象3进1；9.马二退四，马5退3；
　　10.马四进六，马3进5；11.马六退五，象1退3；12.马五进四，象3进1；
　　13.马四进二，马5退7；14.马二退三，马7进5；15.马三进五⑤，红胜。

注释：
①利用等着，为红棋进攻争取时间。
②黑方走象5退3是致败之源，给红方取胜机会。此时，黑方应该走象5退7（!），可和，以下招法为：马三退五，马7进9；马五进七，马9退8；马七进六，象7进9；帅五进一，象9进7；黑方应付自如，红方毫无进取，和定。
③马5退3；兵五平六，马3进1；马七进六，马1进3；兵六平五，马3退5；兵五平四，将6平5；马六退七，象3进1；马七退六，象1进3；马六进四，将5平4；马四进六，象3退1；兵四平五；红胜。
④若走马7退5，参考注解②，红胜。
⑤红马经过连续不断的左右腾挪，终于形成对黑方的全面控制，获得了来之不易的胜利。

　　本局棋对于黑方来讲真是"不输在自己"，对红方来讲是"赢人在别人"啊！

第五节　老马识途——马兵相胜马士实用残局

第一局　马兵相胜马士（一）

　　此局（图3-17）可以看作马高兵有相对马士的有效推进。在此局面下为红方必胜，但是需要掌握单马必胜单士（红以兵换黑马）、单兵巧困单马（红马巧吃黑士后守住兵，可以造成黑将吃马后，黑马被困的手段）、马低兵必胜单马（红兵吃士后走成二线低兵）等局势，并且需要多次运用等着，以帅栓连黑马等手段，才能最后取胜，所以本局应该属于必胜但难胜的棋局。

本局红无相不能取胜，参见第三局的示例分析。马高兵对单马士的局例，在刘殿中先生编著的《象棋残局基础》里认为一般情况下是马高兵方必胜，并未提到是否要有士相配合。刊载的一例红无士相，因红方马兵位置优越，当属于红胜的特例。在刘健先生编著的《象棋实用残局》有两例，马高兵方也无士相，原作认为马士无法守和马高兵。这样的局例，笔者认为如果黑方子力位置恰当，应该是和局，马兵方要想必胜马士，需要有士或者相走闲招的辅助配合。

本局原载于金启昌《当代象棋布局精粹》，此处，笔者补充完善了招法变化。

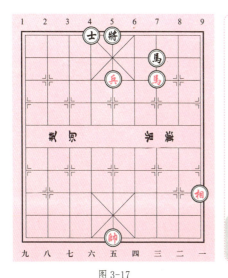

图 3-17

1. 相一退三（!），马7进9①；2. 马三退五，士4进5②；3. 马五退四，士5退6③；

4. 帅五进一（!），马9退7④；5. 马四进六，马7进8⑤；6. 马六进四，将5平4；

7. 兵五平六，马8退6⑥；8. 帅五退一，马6进4；9. 兵六进一，将4进1；

10. 帅五平六，士6进5；11. 马四退五⑦；红胜。

注释：
① 将5平6，见二局。

② 马9退7；马五进七，马7进6；帅五平六，士4进5；兵五进一，马6退5；帅六平五；红必得马，胜定。

③ 士5退4；马四进六，马9进7；马六进七；以下红方仍然有帅五平六，马捉死黑士的手段，红胜。

④ 马9退8；马四进二（!），将5平4；马二进四，马8进7；兵五平四（!），马7进9［马7进6；兵四平五，马6退8；兵五平六，马8退6；帅五进一（!），马6退5；兵六平五，将4进1；马四退二，马5进3；马二进三，将4退1；马三进四，将4平5；马四退三，马3进5；马三退四；红吃死黑马，红胜。］；马四进六，马9进7；马六进八，将4进1；兵四平五，马7进5；帅五进一（!），士6进5；马八退七，马5退3；兵五进一；红必得士，红胜定。

⑤将5平4；兵五平六，士6进5；马六进七，将4平5；兵六进一，马7进6；兵六平五，马6退5；马七退五；红胜。

⑥马8进6，帅五平六，马6进4；马四退六，马4退2；马六进五，士6进5；兵六进一，将4平5；马五进三，将5平6；兵六平五；得士后，红胜定。

⑦末后局面，红方以牺牲兵换得黑马被捉吃，成为单马必胜单士的例胜残局。

第二局 马兵相胜马士（二）（图3-18）

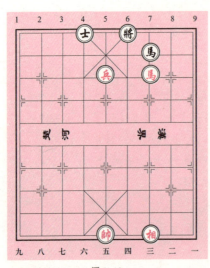

图3-18

1.帅五平六，将6平5①；2.兵五平四，将5进1（!）②；3.帅六进一（!），马7进9③；

4.马三退四，马9进7；5.马四进六，将5平4④；6.帅六平五，将4进1；

7.马六进八，士4进5；8.马八进七，将4退1；9.马七退五⑤；红胜。

注释：

①将6进1；马三退五，士4进5；马五进七，马7进6；帅六平五，士5进6；马七进六，将6退1；兵五平四；红得士胜。

②如果黑方走将5平6，则红方需要相飞中路，掩护马的位置腾挪，否则难以进取，当然这样变的结果仍然是红胜，但是似乎招法更为顽强一些。

③马7退9；马三退四，马9进8；兵四平五，将5退1；马四进六，马8进7；马六进七，将5平6；马七退九，将6平5；马九进八，士4进5；帅六平五，马7进5；帅五退一，士5退4；兵五平四，将5平6；马八退七，马5退4；兵四平五，将6平5；帅五平六，马4退3；兵五平四，士4进5；马六平五，将5平6；马七进五；红得士胜定。

④将5退1；帅六退一，士4进5；帅六平五（!），马7进5；兵四进一；以下黑成为必丢马或者士的局面，红胜定。

⑤末后局势，红白得士后胜定。

第三局 马兵和马士

本局（图3-19）是对第一局图式的修改，删掉一个相后，红方赢棋的物质力量不够，成为和棋，具有实用价值。此处列出一种和法供参考。

本局黑马并非毫无作为，因红后防空虚，黑马抓住这一弱点，在红马吃掉士后，利用打将巧施牵制，最后妙和。

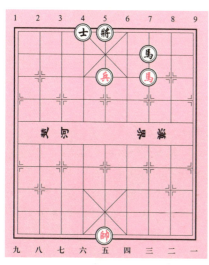

图3-19

1.帅五进一（!），马7进9①；2.马三退五，马9退7；3.马五进七，马7进6（!）；

4.帅五平六（!），马6进7；5.马七进六，马7进5；6.帅六退一，马5退4；

7.帅六进一，马4进3；8.帅六退一，马3退4②；和。

注释：

① 此时，如果黑方走将5平6，因为红方没有士相的掩护，马的位置腾挪就受到牵制，所以也是难以取胜，试拟招法如下：帅五进一（!），将5平6；帅五平六，将6平5；兵五平四，将5平6；以下红难以进取。

② 最后局面，红方虽然吃掉黑士，但马兵受牵制不能脱身，黑方一将一闲对红方两闲，和定。此时，如果红方还有另外一个棋子，比如相，走闲招，黑方欠行，红方马兵即可脱牵取胜。

第六节 双马饮泉——双马必胜马双象

古谱中有双马取胜士象全的局例，俗称"双马饮泉"。其实双马可以必胜马双士或者马双象，必胜炮双士（一般需要有士相，便于马的腾挪），但是不能取胜炮双象。本节分析一组双马胜马双象的局例。

第一局 双马胜马双象（一）

2004年全国锦标赛江苏王斌对阵广东吕钦，最后走出双马对马双象的局面，当时双马方未能取胜，引起了人们对此局面的极大兴趣。如图3-20所示。

查此类局面，目前比较多的结论倾向于双马方可胜或者必胜，例如在刘殿中《象棋残局基础》和屠景明《象棋实用残局》中，给出的局例是红胜的。

刘健认为双马对马双象属于必胜之局，并在《象棋实用残局》中给出了3个双马方胜的局例。其中一局详细分析了王斌对阵广东吕钦的对弈局面，认为双马方例胜。笔者认为结论虽为必胜，但是针对不同局面，黑方尚有顽强的防守招法，此处分为几个局例介绍如下。

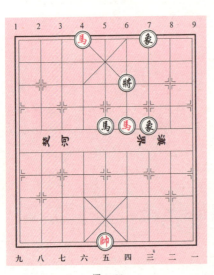

图3-20

1. 马四退三，象7退5；2. 马三进一，马5进7；3. 帅五进一，马7退9；

4. 马一退三，马9进7；5. 马三退五，马7进5①；6. 帅五退一，象5退3②；

7. 马五进七，马5退3；8. 马七退五，马3退5；9. 马五进三，马5退7；

10. 马三进五，象3进5③；11. 马五退六，马7进5；12. 帅五进一，象5进7（!!）；

13. 后马进八，马5进4④；14. 帅五退一，马4退3；15. 马八退七，象7进5；

16. 马七进六，马3退4；17. 后马进四，马4进5；18. 马四进二，象7退9；19. 马二进一，象9退7；20. 马一退三，马5进7；21. 帅五进一，象5退3；22. 马三进五，将6退1；23. 马五退六，将6退1；24. 后马进七，马7退5；红胜。

注释：

①马7退5；马五进六，象7进9；后马进四，象5进7；马四退三，马5退4；帅五退一，马4退6；马六退八，马6退8；马三进五，将6平5；帅五平四，马8进6；马五进四，马6进5；帅四平五，将5平6；马八进六，马5进3；

马四进二，马3退4；帅五进一，马4进3；马二进一，马3退5；帅五退一，马5退7；马一退二，马7退6；马二退四，马6进4；马四进六，象9退7，前马退四，象7退9；马四进二，象7进5；马六退五，马4进5；马五进三，象5进7；马二进四，马5退3；马四退六，象7退5；马三进五，得象，红胜。

②象5进7；马五进三，象7退5；马三进五，马5退3；马五进四，马3退5；马四进二，马5退4；马六退七，象7进9；马七退六，象5退7；帅五退一，马4进5；马六进七，象7进5；马七退五，马5退3；马五进三，象9退7；马三退四，马3退5；帅五退一，马5进3；马四退六，象7退9；马六进七，马3退4；马二退一，将6退1；马一进三，将6退1；马三进一，红方得象胜定。

③象7进5；马五进三，马7进5；马三进四，象5退7；马四退六，将6平5；后马退七，将5退1；马七退五；得马，红胜。

④马5进3；马八退六，象7退9；后马进七，马3退4；马七进六，马4退5；后马退八，象9进7；马八退七，马5退4；马七退六，马4进3；后马进七，马3退5；马七进八，以下红方要么将死黑方，要么得马，红胜。

第二局　双马胜马双象（二）

本局（图3-21）刊载于刘健《象棋实用残局》25页。

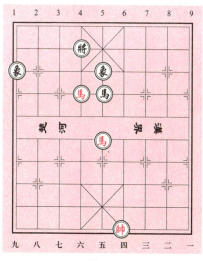

图3-21

1.马六退八，象1退3①；2.马五进六，将4进1；3.帅四平五，将4退1；

4.马八进七，将4进1；5.马七进九，象3进1；6.马六进八，象5退3；

7.马八退九，将4平5；8.前马退七，将5平4；9.马七退六，将4退1；

10.马九进八，将4退1；11.帅五进一，马5进7；12.马六进七，将4进1；

13.马八退九，将4进1；14.马九进七，将4退1；15.前马进五，将4退1；

16.马五退六，马7退5；17.帅五退一，象1进3；18.马七进八，将4平5；

19.马八退六，将5平4；20.前马进七；得象，红胜定。

注释：

①象1进3；马五进六，马5进7；马八进七，象3退1；马七进八，象1退3；马六进八，将4退1；前马退七，将4平5；马八进九，象5进3；马九退七，将5平4；前马退五，将4进1；马五进四，将4进1；马七退六，马7进5；马六退四，象3退1；后马进五，马5退6；帅四平五，马6进5；马五退六，马5进6；帅五进一，马6退4；帅五退一，马4退2；马六进五，象3进5；马五退四，马2退3；后马进三，象1退3；马三进四；红胜。

第三局 双马胜马双象（三）

本局（图3-22）刊载于王嘉良《象棋残局大全》中，原作红胜。此处补充完善了招法。

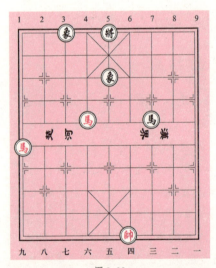

图3-22

1.马六进七，马7退6；2.马九进八，象5退7；3.马八进六①，马6退4；

4.马七退六，象3进1；5.后马退八，将5进1；6.马八进七，马4退2；

7.马六退四，将5退1②；8.马四进二，象7进9；9.马七进五，将5进1；

10.马五进三，象1进3；11.马三退一，红胜。

注释：

①帅四进一，马6进5；马八进七，将5平4；前马退五，将4进1；马五进四，将4进1；马七退六，象3进5；马六进八，马5退3；马八进七，马3进4（象5进7；马七进五，将4退1；马五退四，将4退1；后马进三；得象，红胜。）；帅四退一，马4退3；

帅四平五，马3进2；马七退九，象5退3；马九退八，象7进5；马八进七，马2退3；马七进六，马3进5；马六退四；红胜。此变虽然也能红胜，但不如主变简洁。

②将5平6；帅四平五，将6退1；马四退二，马2进3；马二进三，将6进1；马七退五，马3进4；马五进三，马4进5；前马进一，将6平5；马一进三；得象，红胜。

第四局 双马胜马双象（四）

图3-23是笔者偶遇的双马巧胜马双象的形势，此局黑马离家遥远，黑将被逼到山顶，局势非常严峻，红方可以通过巧妙的控制手段获取胜利。

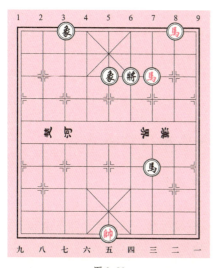

图 3-23

1.马三退一（!!）①，象5退7；2.马一进二，将6退1；3.后马退三（!!），将6进1；

4.马二退三（!!），马7退5；5.前马进四，马5退4；6.马四退六，马4退5；

7.马三进二，将6退1；8.帅五进一（!!），象3进1②；9.马六退五；绝杀红胜。

注释：

①局面虽然红方已经占优，但是还是需要辨明真伪，否则红方仍然难以取胜。例如，马三进四，象5退7；马四退六，将6退1；马二退三，马7退5；局面透松，红方要想创造优势局面还需要很多周折。

②马5进6；马二退三；绝杀红胜。

第五局　双马胜马双象（五）（图3-24）

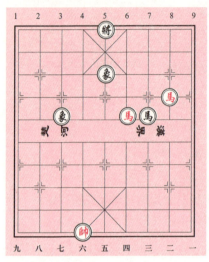

图3-24

1.马四进三，象5退7；2.马二进三，将5平6；3.前马退五，将6进1；

4.马五进六，将6进1；5.帅六平五，象3退1①；6.马三退四，象7进9；

7.马四进六，马7退5；8.马六退七；红得马后，胜定。

注释：
①象3退5；马三进四，马7退5；马四退六；红胜。

第七节　大将当关（上）——单车巧胜士象全

第一局　单车必胜单缺士

单车必胜士象不全的形势，对于单缺象，一般先擒孤象，再谋士，对于单缺士，则需要利用等招，先擒孤士再谋象。如图3-25所示。

1.车八进四（!），士5退4；2.车八平二，士4进5；3.车二进一，士5退6；

4.帅五平四，象3进1；5.车二平四①，将5进1；6.帅四平五，将5平4②；

7.车四平九，象1进3；8.车九平五，象5进7；9.车五退四，象3退5；

10.车五平六，将4平5；11.车六平三，将5退1；再擒掉最后一个孤象，红胜。

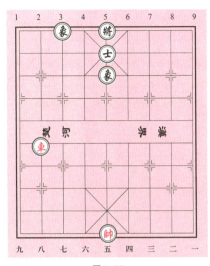

图 3-25

注释：

①利用等招，逼迫黑士落底，再利用帅的作用，先吃掉该士。

②象1进3；车四平七（!），将5平6；车七平五，象5进7；车五退四；以下红方得象，胜定。

第二局　单车巧胜士象全

本局（图3-26）士象全位置凌乱，车方有机可乘。

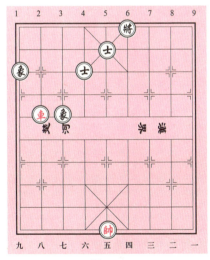

图 3-26

1.车八进四，将6进1；2.车八退三，将6退1①；3.车八平四，将6平5；

4.车四进一，将5平4；5.车四平一，将4进1；6.车一进二，士5退4；

7.帅五平六②（!），象3退5；8.车一退三，士4进5；9.车一平五（!），象5进3；

10.车五平八，将4退1；11.车八进三，将4进1；12.车八平五；红胜。

注释：

①象3退5；车八平四，士5进6；帅五平四，士4退5；车四平二；破士，红胜。

②车一退三，士4进5；车一平八（?）（这是原谱招法，导致和局，应车一进三，士5退4，再按照主变招法取胜），象1退3；帅五平六，将4退1；车八进三，象3退1；和。

第三局 士象全和单车

单车对士象全的残局，在实战中有时会出现。士象全和单车的最佳位置是士象中路相连，伺机以士象或者将走闲，红方无法攻破。本局虽然士象的位置不正，但是只要认真应对，不给红方以机会，黑方可以巧妙应对成和。如图3-27所示。

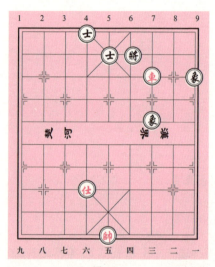

图 3-27

1.车三平二，象9退7；2.车二退二，象7退9①；3.车二平四，士5进6；
4.帅五平四，士4进5；5.车四平八，将6退1；6.车八进四，将6进1；
7.车八平七，士5退6；8.车七退一，士6进5；9.仕六退五，象9进7；
10.车七退二，象7退9；11.车七进三，士5进4；12.车七退一，士4退5；
13.车七平八，象9进7；14.车八退二，象7退9；15.车八进三，士5退6；
16.车八退一，士6进5；17.车八平九，象9进7；18.车九退四；和棋。

注释：

①象7进9（??）；车二进三，将6退1；车二进一，将6进1；车二平一，将6进1；车一退一，象9退7；车一退二，将6退1；车一平四，士5进6；帅五平四，士4进5；车四平三，象7进9；车三进二，将6退1；车三平五；红胜。

第四局 只马当相——马兵单缺相和单车士象全

有了士象全可以守和单车的基础，在遇到实际情况时就会心中有数了。

本局（图3-28）是1985年敦煌杯赛上胡荣华执红对弈出现的一则残局局势，实战中胡荣华抓住了稍纵即逝的罅隙，最终红胜。笔者认为，如果黑方应对恰当，应为和棋。

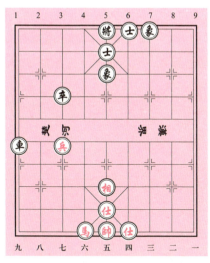

本局红方防守，如果红马在(6,3)士角位置，相在(7,1)左侧底线位置，似乎是最为工整的防守阵形。其实，马和相位置不动，把红士在(4,3)位和(5,2)位相连，伺机以士或者帅走闲，防守固若金汤，车方无懈可击，也是和定，招法从略。

图 3-28

第八节 大将当关（下）——单车巧胜马炮

第一局 一车巧胜马炮（一）（图 3-29）

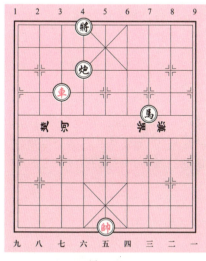

图 3-29

1.车七进一①，将4进1；2.帅五平六(!!)，炮4进1；3.车七进一，将4进1②；

4.车七平五，炮4进2；5.车五退三，马7进6；6.车五退一，炮4退2；

7.车五退二，炮4进2；8.帅六平五，马6进4；9.帅五进一，炮4平5；

10.车五平六，将4平5；11.车六退四；红胜。

注释：

① 车七进三，将4进1；车七平五，马7进6；车五退六，马6退8；车五进五，将4退1；车五平四，马8进9；车四退一，马9进7；帅五进一，将4进1；帅五平六，炮4进2；车四退二，炮4退1；车四进三，将4退1；车四退二，炮4退1；车四进一；按照此变，

只要阻止黑马从中路转移到炮侧,则红方必胜。

② 将4退1;车七平五,马7进6;车五退二,炮4退1;车五退三,马6进7;车五进四,炮4退1;帅六进一,马7退6;车五平四,马6退4;车四平六;红胜。

第二局 一车巧胜马炮(二)

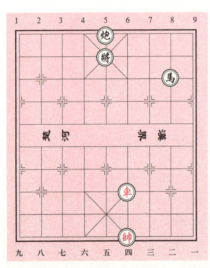

图 3-30

本局(图3-30)马炮位置差,难以防御车的进攻。

1. 车四进三(!!),将5平4[①]; 2. 车四进二,马8进7; 3. 车四进一(!),将4进1;

4. 车四退三(!),马7进8; 5. 车四进四,炮5进3[②]; 6. 车四退六,马8退7;

7. 车四进二,马7进8; 8. 车四平六,将4平5; 9. 车六平五(!),马8退6;

10. 车五退一;得马,红胜。

注解:

①炮5平4;车四进二,马8进9;车四进一,将5进1;车四退三,马9进8;车四进四,炮4进1;车四退二,将5退1;车四退四;红必得马胜。

②炮5进1;车四退二,将4退1;车四退五;捉马,红胜。

第三局 一车巧胜马炮(三)(图3-31)

1. 车五平四,将5平4; 2. 帅五平四,炮5平4[①]; 3. 车四进四(!),将4进1;

4. 车四退一,炮4平5[②]; 5. 车四平一,炮5平4; 6. 帅四进一(!),炮4平5;

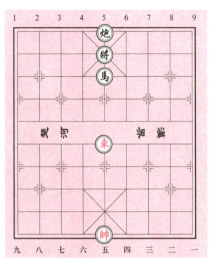

图 3-31

7. 车一进二，炮5平6；8. 车一退三，将4退1③；9. 车一平六，将4平5；

10. 车六进三，炮6进2；11. 车六平四，炮6进2；12. 帅四平五，炮6平4；

13. 车四退三，炮4退4；14. 车四进一，炮4平5；15. 车四进二；红必得炮，红胜。

注释：

①马5进7(?)；车四进二，马7进8；车四进二，将4进1；车四进一，马8进7；帅四平五，炮5进1；车四退七，马7退8；车四进五，将4退1；车四进一；红得炮胜定。

②炮4进1；车四退一，马5退7；车四平七，将4平5；车七平三，马7退9；车三平五，将5平4；车五平四，将4平5；车四进三，马9进8；车四退二，将5退1；车四平二；抽吃马，红胜。

③炮6平4；车一平五，马5退7；帅四平五，炮4进1；车五进二；红必得子胜定。

第四局　一车巧胜马炮（四）

以往人们认为"炮作掩护将后跟，马跳两肋不离中"也是守和的一种阵势，但事实上并不成立。

红方取胜的要点是先不着急用帅牵制黑方，而是用车逼迫黑马。黑马若活跃在中心区域，而红方又急于用帅牵制黑方，则易给黑方一将一闲的机会。红车逼迫黑马，需要讲究控制，而非直接的捉吃，因为黑马活跃，直接捉吃往往不能达到效果。

本局(图3-32)图式较常见，棋友可参考《象棋实用残局》《象棋实用残局手册》《象棋残局基础》等棋谱。

1. 车八平五，马6退4；2. 车五进一，马4进3；3. 车五平六，马3进5；

4. 车六平七，将4退1；5. 车七平五，马5退3；6. 车五平六，将4进1；

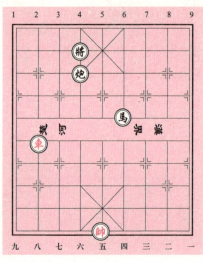

图 3-32

7.车六退二,马3退5;8.车六进一,马5进6;9.车六平四,马6进4;

10.帅五进一,马4退2;11.车四平八,马2进3;12.帅五平六,将4平5;

13.车八平五,将5平4;14.车五平七,马3退4;15.车七平六,马4进2;

16.帅六平五,马2进3;17.帅五进一,马3退2;18.帅五平四,马2进3;

19.车六退一,马3退5;20.帅四平五,马5退7;21.车六平三,马7进8;

22.帅五退一,马8退9;23.车三进四,

马9退8;24.帅五平六,炮4进2;

25.车三退三,马8进9;26.车三进一,炮4退1;27.车三进一,炮4退1;28.车三进二,将4退1;29.车三退一;红方得炮胜定。

第五局 马炮和单车

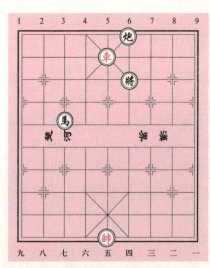

图 3-33

按照最新的研究结论,马炮能够守和单车唯有这一种图式,即炮在将后守护,马路活通,注意马要与将异侧,避免受牵连。如果马与将同侧,则仍难逃一败。如图3-33所示。

1.车五进一,将6退1;2.车五退四,马3进2;3.车五退二,马2退3;和棋。

第九节 壁虎断尾——炮卒双象和单车

壁虎在受到袭击时，常自断其尾，以吸引敌人的注意力，自己则得以逃脱而保全性命。其实在生物界这种以牺牲局部而保全大局的现象很广泛，例如"章鱼断脚"和"海星断腕"。

其实，在象棋棋局中也有很多牺牲局部利益以保全局的实例。炮卒双象对单车就是其中最为典型的局例之一。本局以卒保护炮，确保炮的安全，而当红车吃卒后，炮可以及时抬高到中路或在底线护象，故可以确保不败。其中弃卒逃炮的手法恰似壁虎断尾。

● 第一局　炮卒双象和单车（一）

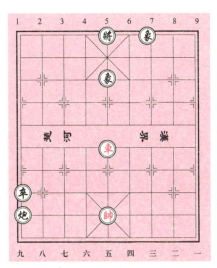

图 3-34

黑以牺牲卒换取炮抬高，成为炮三象和车的局面。如图 3-34 所示。

1. 车五退二，炮 1 平 2（!），2. 车五平九①，炮 2 退 8；3. 车九进七，炮 2 平 4；

4. 帅五进一，象 7 进 9；5. 帅五平六，炮 4 平 3；6. 车九退二，象 9 退 7；和。

注释：

① 黑卒就犹如壁虎的尾巴，吸引狩猎者来吃，而黑炮这只"壁虎"就可以趁机脱离虎口。

此局红方有另外一种攻法，也不能取胜。试演示如下：

1. 车五平八，将 5 平 4（!）；2. 车八平六，将 4 平 5；3. 帅五平六，卒 1 平 2；

4. 车六进五，将 5 进 1；5. 帅六平五，卒 2 进 1；6. 帅五退一，象 7 进 9；

7. 车六平一，象 9 进 7；8. 车一平九，将 5 平 4；9. 车九退四，象 7 退 9；

10. 车九平六，将 4 平 5；11. 车六平五，象 9 退 7；12. 车五平八，象 7 进 9；

13. 车八退四，炮 1 退 3；和。

在此变中，黑方仍然以丢失一只卒的代价，换取黑炮升高，以后可以中路遮将，双象就可保安全，和定。

第二局　炮卒双象和单车（二）

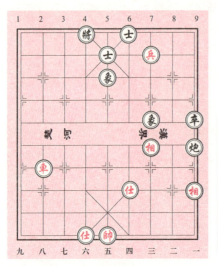

图 3-35

本局（图 3-35）红兵已低，无法牵制黑高象，红兵在车帅的配合下可以杀去黑双士，这样黑方炮卒双象和单车的招法要领就是双象高飞不受制，炮在前后掩护象可保不败。

1.车八平二，象5进3；2.兵三平四，象3退5；3.帅五平四，将4平5；
4.仕四退五，象5退3；5.帅四进一，象7退5；6.仕五退四，象3进1；
7.车二平四，炮9平8；8.兵四进一，士5退6；9.车四进六，将5进1；

10.帅四平五，卒9进1①（!!）；11.车四平一，将5平6；12.车一退五；炮8退2；和。

注释：

①此时，黑卒就像黑炮长的一个尾巴一样，保护黑炮不被红车吃掉，如果红车去吃黑卒，则黑炮可以趁机逃脱，形成典型的炮双象和单车的局面。

第十节　双车勇猛——双车胜车士象全

第一局　双车相巧胜车士象全

本局（图 3-36）黑车如果在（7，3）位防守，则可防守成和。现在红方抓住黑方防守上的弱点，双车控制，帅相配合，巧妙攻杀，最后取胜。

本局原刊载于苏德龙《象棋残局巧胜战法》，结论为红胜。这里演示黑方采取另外一种防守方法，结果仍为红胜，但是此招法较为顽强。

1.车二进七（!!），车7平4①；2.帅六平五，象5进7；3.车二平三，象7进9；

4.车四退二，车4退2②；5.车三平六，士5进4；6.车四平五，士4进5；

7.车五退一，将5平6；8.相五退三，将6平5③；9.帅五进一④（!!），将5平6；

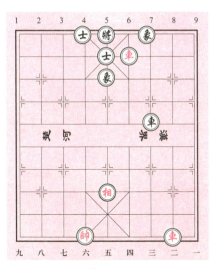

图 3-36

10. 车五平四，将6平5；11. 车四进二(!!)，将5平4；12. 车四平三(!!)，将4进1；

13. 车三退一(!!)，象7退5；

14. 车三平八(!!)⑤，士5进6；

15. 帅五平六，将4退1；

16. 车八进一，士6退5；17. 车八进二，将4进1；18. 车八退一，将4退1；

19. 车八平五；红胜。

注释：

①象5进3（黑方一车看两象，貌似防守坚固，其实仍然存在漏洞而落败）；帅六平五，车7进3；帅五平四，车7退1；车二平七，车7退2；相五进三（如果没有这只红相，则黑方采用这种防守办法就可以通过打将走闲，牢牢占据防守要位坚守成和。现在有相走闲，黑车不得不脱离防守要位），车7平8；车七平三，车8退4；帅四平五，车8平9；车三平七（伏车四平五，再车七进二杀），象3退5；车七平五；红方得象后胜定。

②黑方要求兑去一个车，红方只能同意，否则黑车占据要位，红方难以取胜。

③将6进1；车五平四，士5进6；帅五平四，士4退5；车四平八，将6退1；车八进四，将6进1；车八平二，士5进4；车二退二，士4退5；车二进一，将6退1；车二平五；红胜。

④良好的停招，此时局面黑方先走有利于取胜。

⑤经过红方连续调动红车，取得侧击掏士的局面，吃去一个士后红方胜定。

第二局 双车必胜双马士象全

双马士象全难以抵挡双车的进攻，此局属于必胜残局。

如图 3-37 所示，是双马士象全守和双车的最佳阵形，黑方左侧双象相连底线没有漏洞，右侧双士相连则右侧底线防守坚固，马一个在中路象口，生存有保障，一个在士角，有士的看护生存有保障，并且随时看护象，防止红车的偷袭。看似

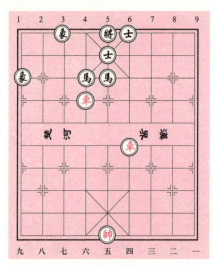

本局可和，其实红方仍然可以抓住防守的漏洞，双车巧妙穿插，最终单车掠象换马而胜。

刘殿中《象棋残局基础》中有一局双车胜双马士象全，红方可以破象取胜。王嘉良《象棋残局大全》中有三局，也都属于双车方胜。

1.车四平七，将5平4；2.车七进三，将4进1；3.车六平八，将4退1；

4.车八进三，将4进1；5.帅五平六，马5进4；6.车七进一，将4退1；

图 3-37

7.车八平九，前马退5；8.车七平九，象1进3；9.后车退三，将4平5；
10.后车平七，马4进3；11.车九平七，士5退4；12.车七退四；走成单车必胜马双士局面，红胜。

第十一节 双剑合璧——双车胜车炮双士

双剑合璧，是一种武功招式，可以发挥出无比强大的力量。在象棋中车的力量最为强大，如果是两只大车联合作战，威力无比，大有无坚不摧之感。尤其是对方缺少士象的时候，胜局就更多了。典型的双车胜势有双车必胜双马士象全，双车巧胜双炮士象全，双车巧胜车炮双士，双车巧胜车炮双象（如果车方有士相则为必胜），双车必胜车马双象，双车必胜车马双士等。下面举无士相双车胜车炮双士残局两则，有士相胜局三则。

第一局 双车胜车炮双士（一）

本局（图3-38）是笔者改编的一则实战残局，曾发表在《象棋研究》上。本局是个巧妙的红胜局，红方只要捉吃到黑方任何一个子则成为必胜局面。双方纠缠互打中，红方有一步妙手跟炮，是本局取胜的关键。

1.车五退一，车8进3；2.车五平一，车8退3；3.帅四平五[①]，炮6平4；
4.车一平四，炮4平6；5.车四平六，炮6平4[②]；6.车三退二（!）[③]，

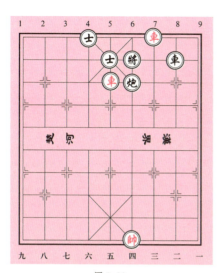

图 3-38

车8进3④；

 7.车六平四，炮4平6；8.车四平一，车8退3；9.车一平六，车8进3⑤；

 10.车六进二，车8退4；11.车六平七，车8平9；12.车三进一，将6退1；

 13.车七进一（!），炮6退1；14.车三退一，车9平8；15.车三平五；红得士胜定。

注释：

① 帅占中路，加强控制。

② 车8平9；车三退二，车9平8；车六进二，车8退1；车六平七（!），将6退1（车8平9胜法同主变）；车七进一，车8进1；车三进二，将6进1；车七退一，车8进8；帅五进一，车8平4；车七进一（!），车4退8；车七退三，车4进3；车七平二，车4平5；帅五平四，车5平6；帅四平五，炮6平4；车三退二；红胜。此变，黑方直车不能曲用，转到黑方右侧防守后，无法到达左侧关键防守据点而负。

③ 本局棋眼，关键招法，有了此招，黑炮防守位置顿时显得狭窄而困难。

④ 将6退1；车六平七（!），车8平9（炮4平6；车三进二，将6进1；车七进二，车8进8；参见②招法红胜）；车七进二，车9退1；车七平六（!）；以下红必得士或者炮胜定。

⑤ 将6退1；车六进二，将6进1；帅五平四，炮6进1；车三进二，将6进1；车三退三；红得炮胜定。

第二局 双车巧胜车炮双士（二）

 本局（图3-39）黑炮位置不好，红方借兑车之机，捉炮，最后形成对黑方的禁困局面而胜。本局黑炮如果在黑方左侧，例如（2，6）位置，则黑可和。

 1.车五退三（!!），炮8退3；2.车三进一（!!），炮8进4；3.车

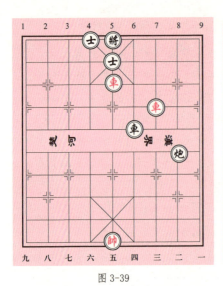

三进二，车6退4；

　　4. 车三平四，将5平6；5. 车五平四，将6平5；6. 车四平二，炮8平5；

　　7. 车二进五，士5退6；8. 车二退六，炮5退1；9. 车二进一，炮5退1；

　　10. 车二进一，炮5退1；11. 车二进一，炮5退1；12. 车二进一，炮5退1；

　　13. 车二平四；黑方被全面禁困，以下必丢炮负，红胜。

图 3-39

第三局　双车相胜车炮双士

双车相对车炮双士，如本局图式（图 3-40），属于车在底线炮在外，如果红方没有相，则可以守和，如图红方有一个相，就可以红胜。本局体现了相的助攻作用，有此相，红方就多了约束限制黑方子力的手段，使其顾此失彼而败局。

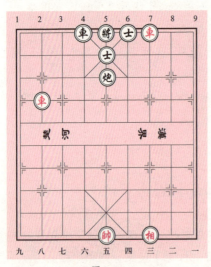

　　1. 车八进一，炮5进1；2. 车八平五，车4进3；3. 车三退三，炮5平6；

　　4. 车五退五，将5平4；5. 车五平四（!!）[①]，车4进6[②]；6. 帅五进一，炮6平4；

　　7. 车四平五，车4退3；8. 车三进三，将4进1；9. 车五平七，车4平5；

　　10. 相三进五，炮4退1；11. 车三退三，车5平2；12. 车七进六，将4退1；

　　13. 车七进一，将4进1；14. 车三平九，车2退5；15. 帅五平六，车2进7；

图 3-40

　　16. 帅六退一，车2进1；17. 相五退七，车2退8；18. 车九平七，车2平1；

　　19. 后车平八，士5退4；20. 车七平八，士4进5；21. 前车平五，车

1平3；

22.相七进九，车3平1；23.相九退七；红胜。

注释：

① 如果此局没有红相，红车就不能来此处进行紧密牵制，所以就无法取胜。

② 炮6平5；车四平七，将4平5；帅五进一，车4平2；车七进七，士5退4；车七退八，士6进5；车三平四，车2平1；车七进六，车1进5；帅五退一，炮5进3；车七平二，士5退6；车二平五，士4进5；车五退四；红胜。

第四局 双车士胜车炮双士

本局（图3-41）红方有士，掩护作用同上局，红方可胜。

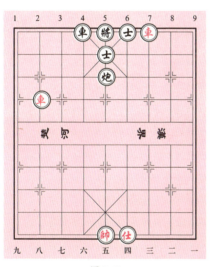

图 3-41

1.车八进一，炮5平4；2.车八平七，炮4进4；3.车七平四，炮4平5；

4.车四平五，车4进6；5.车三退六，炮5平6；6.仕四进五，将5平4；

7.车五退二，将4平5；8.车五平四，炮6平5；9.仕五退六，将5平4；

10.车四平八，炮5平6；11.车八进四，将4进1；12.车三进五，将4进1；

13.车三退一，炮6退4；14.车三平四，士5进6；15.车八平六；红胜。

第五局 双车双相和车炮双士

虽然车在底线将侧、炮在外的防守阵势不如炮在底线、车在外的阵势防守牢固，但是只要走子精细，一般情况下还是能够守和的。例如本局，防守时注意子力不要

被牵制,并时时地把炮运到车的一侧防守,避免被牵制或者借用,可以确保不败。如图 3-42 所示。

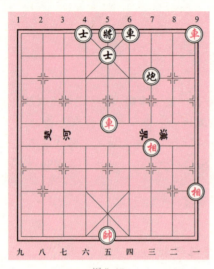

图 3-42

第十二节 丝丝入扣——车炮士胜车双士

第一局 炮士胜双士（底帅胜法）

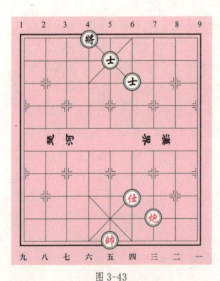

图 3-43

炮士胜双士,是最基本的实用残局,初学者必须掌握。如图 3-43 所示。

除了单马取士这一典型实用残局以外,炮士胜双士也很有技巧性,需要用到闷宫杀威胁和对面笑的威胁,初学者往往找不着取胜要领,而走成多次循环往复的局面。正确的进攻步骤是先支士到对方无士的一边,炮置士后运用等招逼黑将离开中路,再安中炮,最后走成以炮牵制将士的局面,即可破士胜。

1.仕四退五,将4平5; 2.仕五进六,将5平6; 3.炮三平六,将6平5; 4.炮六平四①,将5平4; 5.炮四平五②,士5进4; 6.炮五平六,士6退5; 7.炮六退一③,将4平5; 8.炮六进七;吃到一个士后,形成炮士必胜单士的局面。

注释：
①良好的等招，逼黑将转向红方有士的一侧，再炮平中，是本局取胜的重要步骤。
②炮平中路，造成以下黑士必然被牵的局面。
③妙用等招，若黑将4进1，则仕六退五，闷宫杀。

第二局　炮士胜双士（高帅胜法）

炮士对双士，有高帅和底帅两种攻法，均可以取胜。本局是高帅胜法，图式同第一局。

1. 帅五进一，士5进4；2. 帅五进一，士4退5；3. 炮三平六，士5退6；
4. 仕四退五，士6进5；5. 炮六退一①（！），将4平5②；6. 帅五平六（！），将5平6；
7. 炮六平四，将6平5；8. 仕五进四（！），将5平6；9. 帅六平五（！），士5退4③；
10. 炮四进七；得到一个士后，形成炮士必胜单士的局面。

注释：
①加强控制的等招，如果此时红方仕五进六将军，则局面透松，不容易取胜。
②将4进1；仕五进六，士5进4；炮六进一，将4退1；炮六进六；红得士胜。
③如果改走将6进1；则仕四退五，闷宫杀，红胜。

第三局　"车炮单士"胜"车双士"（一）

本局（图3-44）笔者曾经发表在《象棋研究》上，是一则车单炮单士胜车双士的实用残局，较有实用价值。

车炮单士对车双士的残局中车炮单士方是否必胜，笔者不敢妄下断言。以下是中国象棋大师网"残局决战"刊出的图式，虽大多数网上棋友提出红方必胜的论断，但是提供的着法中黑方均不够顽强，有配合红方取胜的嫌疑。笔者认为，基于黑方不能兑车，兑车后形成单炮士必胜双士的战术棋理，车炮方可以逐步占据有利的攻击位置，对黑方形成致命的打击。其步步紧逼、丝丝入扣、抽丝剥茧的全面控制功夫与象棋实用残局中"车低兵单士巧胜车单士"具有异曲同工的妙趣。其中蕴含着红车对黑士的牵制、对红士的看护和对黑车的逼兑、红炮对士的遥控、对将的闷杀威胁和对黑车的拴链等技巧，同时此局还包含着单炮士必胜双士、车炮占中胜单车、车炮单士巧胜车单士等实用残局定式，红方欲想取胜，就必须正确应用上述技巧和定式，否则极易走成循环往复的局面而判作和棋。现将红先胜着法和详细变招介绍如下：

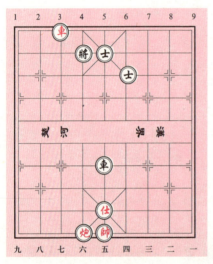

图 3-44

1. 车七平二，车 5 退 3；2. 车二退八，将 4 退 1；3. 帅五平四，车 5 平 6；

4. 车二平四（!），车 6 平 5；5. 炮六平五①（!），车 5 平 7；6. 车四进一②（!），车 7 平 8③；

7. 仕五进六，车 8 平 5；8. 炮五进一④（!），车 5 进 1⑤；9. 车四进二（!），车 5 进 3；

10. 车四平六，将 4 平 5；11. 车六平七（!），将 5 平 4⑥；12. 车七进五，将 4 进 1；

13. 炮五平六，士 5 进 4；14. 车七退一，将 6 退 1；15. 车七退一，士 6 退 5；16. 车七进二，将 4 进 1；17. 仕六退五，车 5 平 4；18. 炮六退一，士 5 进 6；19. 车七平五，车 4 进 1；20. 车五退二，士 6 退 5； 21. 仕五进四，车 4 退 1；

22. 车五进一⑦，将 4 退 1；23. 车五退一，车 4 进 1；24. 车五平六，红胜。

注释：

①赶走黑车不可少，如果直接打将，走仕五进六（?），将 4 平 5；炮六平五，将 5 平 6；车四进一（炮五进八，则将 6 平 5；车四进六，将 5 进 1；和定），车 5 平 7；炮五进一，车 7 进 6；帅四进一；车 7 退 6；帅四退一；局势透松，红方较难进取。

②红方一丝不苟，以实现逐步紧逼。

③车7进5；仕五进六，车7平4；炮五进三(!)，车4进1(将4进1(?)；炮五平六，车4平7；车四进二，将4退1；炮六平五；红方也要得士胜)；帅四进一，车4平5；仕六退五，车5平7；车四平六，士5进4；车六进五，将4平5；车六平五，将5平4；车五平四，车7退1；帅四退一，车7平5；车四平五；车炮占中胜单车，红胜。

④好棋！既能够实现炮对黑方双肋道的控制，又能够在黑方反攻时守护四路帅头。

⑤将4平5；车四进三，车5进3；车四平七；以下参考主变着法，红胜。

⑥将5平6；车七进五，将6进1；炮五平四，车5平6；仕六退五，车6退1；炮四进一，车6退1；帅四平五，士5进4；车七平五(!)，士4退5；炮四退二，车6进1；仕五退六，士5进4；车五退二，士4退5；车五进一，将6退1；车五退一，车6退1；车五平四；红胜。

⑦经过21回合运子取势，红方终于可以吃到黑士，如果前述着法不严谨，就很容易走成循环往复局面，容易形成和棋。

第四局 "车炮单士"胜"车双士"（二）

本局（图3-45）是笔者搜集的实战残局形势。红方先要从侧翼牵制迅速转到正面进攻，通过细致入微的运子，最终实现对黑方的全面控制，从而获得胜利。现将着法介绍如下：

1. 仕五退四，将5平4；2. 车一退七，士5进4①；3. 车一平六，将4进1；

4. 炮一退一，车8进5；5. 车六平五，车8平6；6. 车五进六，车6进1；

7. 炮一退六，车6进1；8. 炮一进一，车6平4②；9. 仕四进五，车4退4；

10. 炮一退一，士6进5；11. 炮一平六，将4退1；12. 车五退一，车4进1；

13. 车五平七，将4平5；14. 炮六平五，士5退4；15. 车七平四，车4平9；

16. 帅五平四，车9进5；17. 帅四进一，车9退2③；18. 炮五进一，车9退1；

19. 炮五退一，将5进1；20. 车四平五，将5平4；21. 炮五平六，车

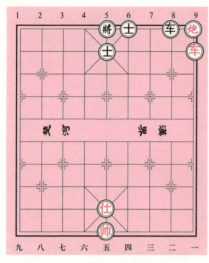

图 3-45

9平4；

22.帅四进一，车4退1；23.帅四平五，车4进1；24.车五进一，士4进5；

25.车五进一④，将4退1；26.车五退一；红胜。

注释：

①将4平5；车一平七，将5平4；车七平六，将4平5；炮一退一，车8进5；车六进三，车8退1；炮一退七，车8平7；车六进四，车7退1；炮一进八，车7退3；车六平五，将5平4；车五退四，车7平9；车五平六；此变黑方走法不够顽强，红速胜。

②黑车不能常捉无根子，否则按照现在国内棋规，判红胜。

③车9退1；帅四退一，车9平5；车四平五，士4进5；车五退一；以下黑必丢车，红速胜。

④红方经过25个回合的运子，才终于吃到黑方一个士，足见这类局面黑方有很强的应对能力，如果红方进攻手段不精细，在实战中极有可能被黑方拖入自然限着而谋和。

第十三节 丝线拴牛——车炮欺车局二则

在象棋中以炮拴车，俗称"丝线拴牛"，是常见的牵制与谋子手段。在"丝丝入扣"一节，介绍的是车炮巧拴黑车，最终夺士取胜的例子。本节分析笔者遇到的另外两个精彩棋局。

第一局 车炮对车双卒双士

此局（图3-46）红方抓住黑方低车不易转移的弱点，首先通过"丝线拴牛"，锁住黑车，再设法攻卒或者吃士，不料黑方可以妙冲"底线兵"解围，富有玩味。

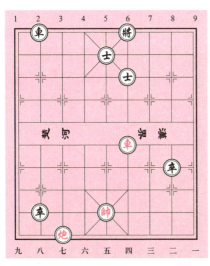

图 3-46

1. 炮七平四，车2进7(!)①；2. 车四平三，车2平6；3. 帅五退一，卒2进1(!!)②；

4. 车三进五，将6进1；5. 车三退一，将6退1；6. 车三平五，卒2平3；

7. 车五平六，卒8平7；8. 车六退一，卒3平4(!)③；9. 车六退七，卒7平6；

10. 炮四进三④，车6退1；和。

注释：

①面对红方抽吃黑车的威胁，黑方必须做出准确的判断，找准黑车的落点。

红方三线是本局黑车最好的点位，如果不占据此位置，例如走车2进6，则按主变招法走至后面第八回合时，黑卒还是来不及解放黑车，所以仍旧为输棋，读者可以自己演示。

②妙用底线兵，以后可以牺牲此兵调离红车，为实现用另外一个黑卒解放黑车争取时间，是本局"画龙点睛"之笔，也就是本局的棋眼！此招如果走卒2平3？（多数棋迷认为的当然走法），则黑方必败，以下：车三进五(!)，将6进1；车三退七（赶走此车离开这个关键据点不可少，否则无法取胜），车6进1；（车6退2；车三退一(!)，卒3进1＜此时，黑卒成为了红车的靶子，红借捉卒，争取了一步棋的时间，故可以抬炮，再升帅看炮＞；炮四进一，卒8平7；帅四进一；以下黑车卒对红方毫无牵制作用，红可从容破士取胜）车三退一，车6退1；车三平七（此变，红借赶红车之际，顺便消灭了黑卒，胜利只是时间问题了。主变黑冲底线兵的妙处在于，在确保牵制红车帅的前提下，避免了被红车捉吃的危险，从而为实现和局争取了时间），卒8平7；车七进二，卒7进1；车七进五，卒7进1；车七平五，将6退1；车五退一；红胜。

③不怕牺牲的卒挽救了局面，精彩！

④末后形势，红方见取胜无望，只好以炮换卒，和定。

第二局　车炮士相胜车马双士

本局(图3-47)红方利用"丝线拴牛"的手段,控制黑车,黑马因位置不好被捉死,红方必胜。需要注意的是红方捉吃黑马后,黑车会趁机掠相,此时要细致防守,只要士不丢,就可以形成车炮士必胜车双士的局面。

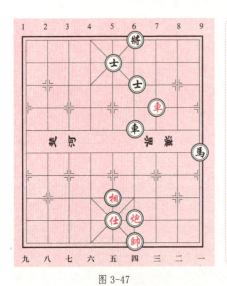

图 3-47

1.车三进三,将6进1;2.车三退五,马9进8;3.车三进四,将6退1;

4.车三进一,将6进1;5.炮四进一,士5进4;6.车三平二,马8进9;

7.车二退一,将6退1;8.车二退八,将6平5;9.车二平一,车6平5;

10.车一进九,将5进1;11.车一平九,车5进3;12.车九退八,将5退1;

13.车九平六,将5进1;14.炮四退一;最后形成车炮有士必胜车双士的局面,红胜。

第十四节　虎口拔牙——车炮双士胜车双象

2012年,洪智对吕钦之战下到官子阶段,本来是洪智稳赢的局面,但吕钦却在最后摆脱险境取得和棋,皆因这是一个棋坛少见的残局——黑棋车炮士对红棋车双相,黑棋稳赢。

车炮士对车双象,被认为是车炮方必胜,有许多象棋大师在棋谱书中进行过阐述。例如刘健的《象棋实用残局》有两局,刘殿中的《象棋残局基础》有两局。最为著名的是《杨官璘象棋杂谈》刊载的一局,进行了全面细致的分析,演示了几种典型的变化,给出了红方取胜的规律招法。现有文献分析的车炮士胜车双象的局面,都属于红方单士,黑车被红炮从中路牵住的情况。如果黑车没有被牵住,按杨官璘先生的说法,应当是胜和无定论。

车炮双士对车双象的局面,当黑车有自由度,没有在中路被炮牵制时,是否可胜,笔者没有查到专门的棋谱招法,棋界对这种局势多以必胜论。刘健的《象棋实用残局》

中有一局车炮双士对车单缺士的局面，结论为红胜，取胜过程中要转换成车炮双士对车双象。

本节介绍的是笔者搜集分析的车炮双士对车双象的六个典型局面，均给出了详细的招法和注释分析。经过笔者多年的比较分析，加之与棋友的多次实践或讨论，似可得出定论，车炮双士对车双象，一般情况下（车炮没有被拴连牵制），属于红方必胜。

第一局　车炮双士胜车双象（一）

本局（图3-48）是炮借士生根，把黑车锁在中路，帅车分占两肋，伺机以车攻象，或寻隙车占宫心锁将做杀胜的例子。

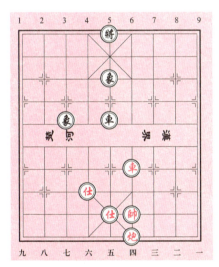

1. 炮四平五，车5平4；2. 仕五退四（!!），车4平5；3. 炮五进一（!!）①，车5进3；
4. 车四退一，车5退1；5. 车四进七，将5进1；6. 车四退四，象3退1；
7. 帅四进一（!!），将5退1；8. 车四进四，将5进1；9. 车四退一，将5退1；
10. 车四平七，车5退2②；11. 车七退一，象1进3；12. 车七进二，将5进1；
13. 车七退四③；红胜。

图3-48

注释：

① 红方借助士的帮助，把黑车拴缚在中路，形成必破象的关键环节。上一招黑方车走到中路也是迫不得已，否则黑车被打死或者被红车抽吃。

② 如果改走将5平4；则车七平五，车5平6；帅四平五，车6进2；车五退一，红方得象胜定。

③ 破去一象后，红方胜定。以下如果黑方车5进4；车七进三，将5退1；仕六退五，红胜定。

第二局 车炮双士胜车双象（二）

本局（图3-49）是炮镇中路，再以车攻杀破象胜的例子。

黑象在3路和中路连环，以一车看住两个象，貌似防守坚强，但存在较大弊端。中象使黑将活动范围缩窄，自塞将路。此外，当黑动将的时候，有可能自塞象眼。因此，本局并非黑方最佳的防守阵形，红方有机可乘，可以快速取胜。

本局可以说明，黑车不一定需要从中路被牵牢，红方通过停招牵制和红车的死缠烂打，可以逼迫黑方阵形出现漏洞，进而缴获黑象胜。

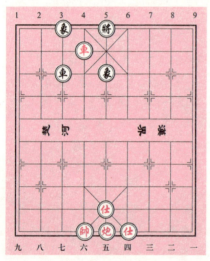

图3-49

1.车六进一，将5进1；2.车六退三（!!），将5退1[①]；3.仕五进六（!!），象5进7；

4.车六平三，车3进2[②]；5.仕六退五（!!），象3进5；6.仕五进四（!!），象5退3；

7.车三平五，将5平6；8.车五平四，将6平5；9.仕四进五，象3进5；

10.炮五进七；打死一个黑象后，红方胜定。

注释：

①此处黑方另外有两种走法：

将5平6；仕五进六，象5进7；仕四进五，车3平6；车六进二，将6退1；车六进一，将6进1；车六平七；红方得象胜定。

象3进1（!?），帅六进一，车3进6；帅六进一，车3退6；仕五进四，象5进7；仕四进五，象7退5；仕五退六，象5进7；车六平五，将5平6；炮五平四，车3平6；以下黑车被红炮打死，红胜定。

②象7退9；仕四进五，象3进5；车三进一，象9进7；车三进二，将5进1；车三退四，车3进7；炮五平七，象5进7；按照此变，红方与黑方兑车后，又白得一个象，形成炮双士必胜单象的局面，红胜。

第三局　车炮双士胜车双象（三）

本局（图3-50）红方借黑车中路被牵之机，迅速调整帅士，形成最为有利的攻击阵形，逼黑丢象，形成胜定的局面。

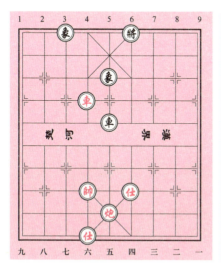

图3-50

1.车六平四，将6平5；2.车四退三(!!)，车5退1；3.炮五进二①(!!)，车5进2；

4.仕六进五(!!)，将5进1；5.帅六退一，将5退1；6.帅六退一，车5退1；

7.仕五进六，将5平4；8.炮五退二，将4平5；9.帅六平五，将5平4；

10.车四平六，将4平5；11.帅五平四，车5进1②；12.炮五退一，车5退1；

13.车六平四，车5进1；14.仕四退五，车5平3；15.仕五退六，象5进7③；

16.车四进三，车3平8；17.仕六进五，象3进5；18.炮五进七；红方得象胜定。

注释：

①通过三招连续的招法，炮借车的帮助提升至兵行线，为把士和帅调整到最佳的进攻位置做好了充分准备。

②车5进3；炮五退一，将5平6；车六平四，将6平5；仕四退五，车5平8；车四进六，将5进1；车四平七，车8进2；炮五平二，象5退3；红方与黑方兑车后，又白得一个象，形成炮双士必胜单象的局面，红胜。

③象5退7；炮五进一，车3进3（防止红方车四平五，再炮五平六杀）；车四进六，将5进1；车四平三；红方得象胜定。

第四局 车炮双士胜车双象（四）

本局（图3-51）黑方车将摆出坚守6路之势，红方只得调转炮至另外一侧，然后炮占中，再以车破象胜。

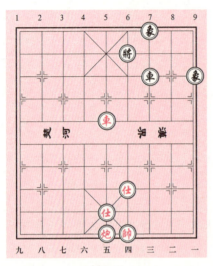

图3-51

1. 炮五平六，车7进2①；2. 车五进一，车7退2②；3. 帅四平五，象9进7；

4. 车五退一，象7进9③；5. 炮六进三，车7平6；6. 炮六平三，车6平4；

7. 车五进四④，车4平5；8. 车五平六，将6平5；9. 炮三退三，车5平6；

10. 帅五平六，车6平3；11. 炮三平五，象7退5；12. 帅六进一，车3进6；

13. 帅六进一，象9进7；14. 车六退四，车3退2；15. 车六平三，车3平4；

16. 帅六平五，车4平5；17. 帅五平六，象5进7；18. 炮五进三⑤；红胜。

注释：

①象9进7；车五平四（!），将6平5（垫车则红车吃象）；炮六平五，象7进5；仕五进六，象5退7；仕四退五，象7退5；车四进一，将5退1；此时，局面与本节第二局类似，可参照红胜。

②车7平6；炮六进一，车6退2；车五退四，车6平7；帅四平五，象9进7；仕五退四，象7退5；炮六平五，将6平5；车五进四，车7平9；车五平三，象5退3；车三进二，将5进1；车三进一；红方得象胜定。

③象7退5；炮六进七，象5退3；炮六退六，车7平5；车五平四，将6平5；炮六退一，象3进1；帅五平四，车5平7；炮六平五，象7进5；仕五进六，象5退3；仕四退五，象3退5；帅四进一，车7进6；帅四进一，车7退2；仕五退四，象5退3；车四进三，将5退1；车四退一，将5进1；仕四进五，将5平4；车四平五；以下红方要杀，必得车胜定。

④炮三退三，车4平5；炮三平四，将6平5；车五平六，车5平7；帅五平六，车7平3；炮四平五，象7退5；帅六进一，车3进6；帅六进一，车3退2；仕五退六，象5进3；车六进三，将5退1；车六退二，车

3进1；帅六退一，车3进1；帅六进一，象9进7；仕四退五，象7退5；炮五进七；红方得象胜定。

⑤兑车赚象后，形成炮双士必胜单象的局面，红胜。

第五局　车炮双士胜车双象（五）

黑象1路3路连环，黑将就有更多的行动自由，连环的双象生存有保障。如果红方试图从右侧把红炮运至士后，则黑车就会连续纠缠，调转设想并不成立。本局黑方防守位置较佳，红方要巧妙寻找方法运转红士，摆脱黑车的纠缠，顺利把红炮运至士后，也就是己方底线，再运车控捉黑象，才能最终取胜。如图3-52所示。

由本局可以说明，红方取胜过程，并非总是炮从士后发动攻击，有时控制阵势后，进入对方阵地，通过将军捉象，也是红方取胜的一种重要手段。

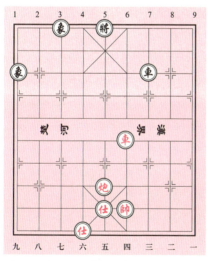

图3-52

1.车四进五，将5进1；2.车四退四(!!)，将5退1①；3.车四平五，将5平4；

4.车五平六(!!)，将4平5；5.仕五进四(!!)②，将5进1；6.炮五退二，车8进7；

7.车六平五，将5平4；8.帅四平五，车8退7；9.炮五平四，车8平3；

10.帅五退一，车3平8；11.车五进三，将4进1③；12.车五平七，车8平5；

13.仕六进五，车5进2；14.车七退六，车5平4；15.炮四进一，车4平5④；
16.车七平六，将4平5；17.车六进六⑤(!!)，车5平7；18.炮四退一，车7平3；
19.帅五平六，车3退2；20.炮四平五，将5平6；21.仕五进六，车3进5(!)；
22.仕四退五，车3退5；23.车六平五，象3进5；24.仕五进四，车3进6；
25.仕六退五⑥；红胜。

注释：

①车8平4（防止红方借助将军调转红士，看似顽强，其实黑方会速败）；车四平五，将5平4；车五进四，车4平8；炮五平六，车8退1；车五退四，车8进1；炮六退一，车8平6；仕五进四，将4退1；仕六进五，象3进5（如果走车6平5；则仕五进六，将4平5；黑车被打死，红胜定）；炮六进六（!!），象5退3；炮六退七（红方的2步顿挫非常精妙，这样就抢夺一步先手），象3进5；炮六平五，将4平5；车五平九，象1退3；炮五平八，象5退7；车九进四，象7进5；炮八进九，象3进1；车九退二；红方得象后胜定。此变17个回合红方得象。

②红车从第二回合开始，先抢占河口要位，对黑象形成紧密的控制，再平六路看住底士，支起高士，准备把红炮从中路调整到士后，形成了连续的紧凑招法。黑方顿时感到活动空间极其狭窄，形势就此变得非常严峻。

③将4进1，黑方保留中路兑车的权利。红车在中路待不住，要想取胜，就必须另寻他途。此时如果走将4退1(!?)；车五进一，将4进1；仕四退五，车8进7（黑车继续纠缠红炮，企图阻止红炮参与进攻）；车五退三(!)车8退7；仕五进六，车8平4；车五进二，将4退1；车五进一，将4进1；仕六退五，车4平3（红方通过漂亮的顿挫，使得黑方纠缠红炮的计划彻底落空。黑方无奈，只好平车走闲）；炮四进二（红炮脱身，发起冲锋的号角），象1进3；炮四平七，象3退1（象3进5，则炮七进七，红方得象胜定）；炮七平六，车3平2（象1进3；炮七退一，车3平5；车五平七，红方得象后胜定）；车五退四(!)，将4退1；炮六退一，象3进5；仕五进六，将4平5；炮六平五；此时，红方得象得势，胜局已定。此变需要25个回合红方得象，阵线真是漫长啊！

④车4平5是防止红方仕五进六，为炮提供进攻的架子。此时，黑方另外有两种走法：车4平8；车七平六，将4平5；车六平五，将5平4；车五进七，将4退1；仕五进六，车8平5；炮四退一，车8退3；帅五进一，车8进2；帅五进一，象1进3；车五退三，象3退5；车五进一，红方得象胜定。

又将4退1；车七平六(!!)，车4退2；车六进五，将4进1；仕五进六，象1进3；炮四平六；绝杀红胜。此变是通过兑车，形成炮士对双象的绝杀。

⑤封住黑将，防止其从三路退下逃脱。

⑥最后，红方形成炮从肋道将军之势，黑方为了延缓招法，只能献车到肋道被红炮打死，红胜定。

第六局 车炮双士胜车双象（六）

本局（图3-53）车炮已经占据最好的进攻位置，需要弃去一士，才能顺利取胜。如果红方怕丢士，则一时较难进取。

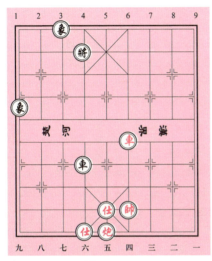

图 3-53

1.车四退二（!!）①，车4进2②（!）；2.帅四退一（!!），将4退1；3.车四进七，将4进1；

4.车四平五，车4退2；5.仕五进四③（!!），车4进3④；6.仕四退五，车4退1；

7.炮五平六，车4平3；8.仕五进六，车3平4；9.帅四平五⑤，红胜。

注释：

①红方意图借助车的保护，把士支到六路。但是黑方可以通过牵制，避免红方支士。

②车4退4；仕五进六，车4平7；帅四退一，象1进3；仕六进五，象3退5；车四进六，将4退1；仕五进四，车7进5；车四进一，将4进1；车四退五，象5退7；仕六退五，车7退5（此时如果黑方象7进5，则红炮打死一个象后胜定）；车四平六，车7平4；炮五平六，黑方这样走，则黑车被捉吃，红胜。

③大胆弃士，算准黑方吃去一个士后必然陷入困境。如果红方不敢弃士，则一时毫无进取的办法。

④黑方不吃士也没有更好的办法，故选择吃士。其实吃士和不吃士没有什么区别，都是红方全面控制局势。

⑤最后局势，黑车被红炮死死牵住，红方胜定。

第七局　车炮双士必胜车单缺象

本局（图3-54）因为红方无相的辅助，红炮很难在中路立足，胜起来有一定难度。胜法是先设法吃去孤士后，再形成车炮双士必胜车双象的局面。

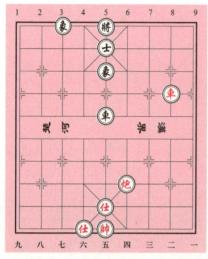

1.车二进三，士5退6；2.炮四平一，车5平9；3.炮一平五，象5进3；

4.车二退五，车9退2；5.车二平五，将5平4；6.车五平四，士6进5；

7.车四平六，士5进4；8.车六进一，象3进1；9.车六平五，车9进4；

10.仕五退四，车9退5；11.车五平六，车9进1；12.炮五平六，车9平5；

13.仕六进五，将4平5；14.炮六进五①，象1退3；红胜。

图3-54

注释：

① 至此，黑方单士必被捉吃，成为炮车双士对车双象的红胜局面。

第十五节　螳螂捕蝉——平车马双士和

第一局　车马双士和车马双士

"螳螂捕蝉，黄雀在后"比喻有人一心想暗算别人，却没想到有人也想暗算他。警示我们在考虑问题、处理事情时，要深思熟虑，考虑后果，不要只顾眼前利益，而不顾后患。

本局（图3-55）是分析苏德龙《象棋残局巧胜战法》得到的图式，原结论为红胜，笔者认为该结论值得商榷。本局黑马被困，被红方吃死不可避免。一般情况下，红方车马有士必胜车双士。但是红马吃掉黑马以后，竟然也陷入了困境，再也无法摆脱黑车的纠缠。

黑方可以妙手牵制成为和棋，如果红方没有深入考虑，盲目乐观，就输定了。

第一种招法

1.车七平八，车1进2；2.马五进六，士5退6（!）；3.马六退八，车1退7（!）；

4.马八退七，将4退1；5.马七退九，车1平3（!）①；6.仕五退四，将4平5（!）②；

7.仕六退五，士4退5；8.帅六退一，车3进9③；9.帅六进一，车3退9；

10.马九进八，车3平2④；和。

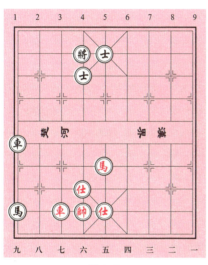

图 3-55

注释：

①黑方落士退车，退将平车，招法准确有力，以下黑方可对红方进行有效的反牵制。

②继续进行牵制，刻不容缓。

③黑车占据了最有效的防守据点，红方毫无办法。

④最后局面，红帅无法从中路转移，车马也就无法借助照将摆脱黑方牵制，无奈进马，又被黑车栓连，和定。

本招法走至最后，黑方车的占位非常理想，既控制了红车想要占据的七路，又看护黑方底线防止红方车马脱牵，如果红方马九进八，则车3平2拉住和定，如果红方走仕六退五，则黑方士6进5走闲招，和定。

第二种招法

1.车七平八，车1进2（!!）；2.马五进四①，车1退4（!!）；3.马四退六，士5进6②；

4.仕五退四③，将4平5；5.帅六退一，车1平4；6.车八平五，将5平4（!!）④；

7.马六进五，将4退1；8.马五进四，士4退5；9.车五平九，车4进4；

10.帅六平五，车4进2；11.帅五进一，车4平6；成为单车双士守和车马无士相，和棋。

注释：

①此招法比第一种招法中的马五进六似乎积极一些，红方可以以牺牲2个士的代价吃到黑马，但是吃去黑马后，红车马难以组织有效进攻。

②士5退6；帅六退一，将4退1；帅六平五，将4平5；马六退七，车1平3；车八进八，将5进1；马七退九，车3进5；车八退一，将5退1；车八平九，车3平2；车九进一，将5进1；帅五平四，车2进1；帅四进一，车2平1；此时，红方车马被拴连不能脱身，和棋。

③仕五进四，将4平5；帅六退一，车1平4；车八平五，将5平4；马六进五，将4退1；马五进四，士4退5；车五平九，车4进4；帅六平五，车4平6；与主变招法类似，红方虽吃马，但是丢双士，和棋。

④将5平6（??）；马六进五，将6退1；马五进三，将6进1；帅六平五，车4平8；车五平九，车8退1；车九平三，车8进1；车三平五；黑方此变，由于不能吃去红方双士，成为车马有士必胜车双士的局面，红胜定。

第二局　车马有士相必胜车双士

本局（图3-56）系车马对车双士的菱角士形。首先逼将外出，其次离间将、士，由威胁士而逼将上顶，最后车马配合组成侧面攻势。前后次序同样具有一定的连贯性，又是车马破车双士菱角士形必须熟谙的规律之一。

1. 相五进七，将5平6；2. 车三进三，将6进1；3. 车三退四，将6退1；
4. 马七退五，车6平5；5. 相七退五，将6平5；6. 车三进四，士5退6；
7. 马五进七，车5进4①；8. 车三退三，士6进5；9. 马七进九，车5平6；
10. 车三进三，士5退6；11. 马九进七，将5平4②；12. 马七退八，将4进1；
13. 马八退六，将4退1；14. 车三退三，车6平4；15. 马六进八，士6进5；
16. 马八进七，车4平5③；17. 车三平七，士5进6；18. 马七退六，

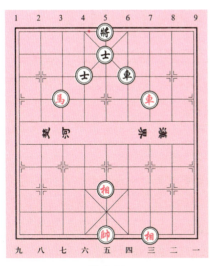

图 3-56

车6退3；

19.车七进三，将4进1；20.马六退五，车6平1；21.车七退二，士4退5；

22.马五进七，车1平2；23.马七进八，车2进1；24.车七平四；得士，红胜定。

注释：

①车5平6；马七进九，士4退5；马九进七，将5平4；车三退三，车6平3；车三平六，士5进4（车3平4；车六平八，车4进7；帅五进一，车4退7；车八进三，将4进1；马七进九，车4平3；马九退八，将4进1；马八退九，车3进2；车八退二，将4退1；车八进一，将4退1；车八进一，将4进1；马九进八，车3退2；相五进七，士5进4；马八退九，车3进2；马九退八，车3进1；车八平四；得士，红胜定）；马七退五，士6进5；车六退一，车3平2（将4进1；车六平八，将4退1；马五进四，士5进6；车八进四，将4进1；马四退六，将4平5；车八平四，车3进7；帅五进一，车3退1；帅五退一，车3平6；马六进七，车6退5；马七进八，将5进1；帅五进一，士4退5；车四平七，士5进4；车七退三，车6平3；马八退七，将5退1；马七退五，将5进1；帅五平四，士4退5；相五进三，士5进4；马五进四，红胜）；车六平七，车2进7；相五退七，车2退4；相三进五，车2平5；马五退六，士5进6；车七退四，将4进1；车七退三，车5平4；马六进七，车4进1；车七平八，将4平5；车八平五，将5平6；马七进六，将6退1；车五平二，将6平5；车二进三，将5进1；车二平四，车4平6；马六退八，将5平4；车四平五，车6退3；相五进七，士4退5；车五平七，车6平5；相七进五，车5平2；红胜。

②将5进1；车三退一，车6退5；车三退一，将5平4；马七退九，士6进5；马九退七，将4退1；马七进八，将4平5；相五退七；红得士胜。

③车4平3；车三进三，将4进1；马七进九，士5进6；车三退三，将4平5；马九退七，车3平5；车三进二，将5退1；车三进一，将5进1；车三平四，车5退3；马七进八，车5退1；车四平六；红下面得士胜。

第十六节 针尖对麦芒——车兵与车卒的较量

有道是"爱拼才会赢",无论学习、工作还是生活,也无论人处于什么位置,都需要勇于攀登的精神,不断地挑战自我,超越自我,才能使自己的才华和能力得到充分的展示和发挥,从而达到更为完美的人生境界。拼搏彰显的是一种超越自我的精神,展现的是一种积极向上的生命力。象棋如人生,小卒虽地位卑微、能力有限,但是他们通过拼争得到的高度令人赞赏。

车兵对车卒,多见于古谱棋局,以古典四大著名棋局"七星聚会"最为有名,集实用性、精巧性、艺术性于一身,往往眼看"山穷水尽",忽又"柳暗花明",精警之着不断,令人拍案叫绝。现代排局家对古谱招法进行了深入挖掘,并排拟了许多精巧棋局。其实对于这类车兵对车卒局势,除了极少数情况可以分出胜负以外,多数情况可以牵制成和,显现出象棋艺术的"牵制之美"。

第一局 车低兵士胜车卒(一)

本局(图3-57)是著名实用残局,此类局的胜法要领是先把黑方卒逼至与将同侧,为拴连做准备,再用帅拴后,使黑方顾此失彼,必丢中路(黑车如吃士,则丢卒也是输棋)而获胜。

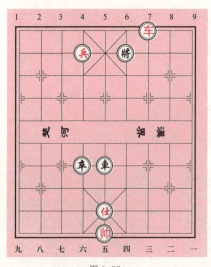

图3-57

1.车三退三,将6进1;2.车三平四,将6平5;3.帅五平四,将5平4;

4.兵六平五,将4平5[①];5.兵五平四,将5平4;6.车四平八,卒4平3;

7.帅四平五,卒3平4[②];8.帅五平六,车5平6;9.车八平七,车6平5;

10.车七进一,将4退1;11.车七平四,车5平8[③];12.车四平五,车8进3;

13.帅六进一,车8退8;14.车五进一,将4退1[④];15.仕五退四,车8进7[⑤];

16.帅六退一，车8退2；17.车五退二⑥，车8平6；18.车五平六⑦，将4平5；

19.车六进二，车6平5；20.帅六进一；黑欠行，红胜。

注释：

①车5进2；车四平七，将4平5；兵五平六，将5平4；兵六平七，将4平5；车七进一，将5退1；车七平六，车5退2；兵七平六，将5退1；车六平四；红胜。

②卒3平2；车八平六，将4平5；车六进三，将5平6[车5平7；车六平五，将5平6；兵四平三(!)，车7退5；仕五进四，车7进8；帅五进一，将6退1；车五退一，将6退1；车五退二；红胜]；兵四平三，车5退5；车六平四，将6平5；车四退三，车5平7；车四平五，将5平6；仕五退四，车7进5；车五平四；红胜。

③车5退2；车四退一，车5平4；车四平五，将4进1；帅六平五，卒4平3；仕五进六；红胜。

④将4进1；车五退五，卒4进1；仕五进六，车8平6；帅六平五；红胜。

⑤车8进5；帅六退一，车8平6；仕四进五，车6平8；帅六平五，车8平5；车五平八，卒4进1；兵四平五；红胜。

⑥若仕四进五，车8进3；帅六进一，车8退1；帅六退一，车8进1；帅六进一；黑方一将一捉，按照国内现行棋规判红胜。

⑦兵四平五(?)，车6进3；帅六进一，卒4进1；帅六平五，卒4平3；帅五进一，车6平5；抽车反为黑胜。

第二局　车低兵士胜车卒（二）

本局（图3-58）取胜方法是逼黑将转移到黑卒一侧以利于拴连，再通过等招逼黑方放弃车卒联防，或者放弃中路而胜。

1.车六进二，将5平6；2.兵七平六，卒4平3；3.车六平三，车5平6；

4.帅六平五，车6平5；5.车三退一，将6进1；6.车三平四，将6平5；

7.车四平七，将5平4；8.兵六平五，将4平5；9.兵五平四，将5平4①；

10.车七退一，卒3平4②；11.帅五平六(!!)，车5平8；12.车七进二，将4退1；

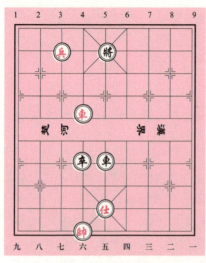

图 3-58

13.车七平五,车8进3;14.帅六进一,车8退8;15.车五进一,将4进1;16.车五退五,卒4进1;17.仕五进六,车8平6;18.帅六平五;绝杀;红胜。

注释:

①将5平6;兵六平五,卒3平4;车七平三,将6平5;兵五平四,车5平6;车三平七,将5平6;兵四平三,车6平5;车七平四,将6平5;兵三平四,将5平4;车四平七;以下可参考主变招法取胜。

②卒3平2;车七平六,将4平5;车六进四,车5平7;车六平五,将5平6;兵四平三,车7退5;仕五进四,卒2平3;车五退二,将6退1;车五进一,将6退1;车五平三;红胜。

第三局 车兵胜车卒象

本局(图 3-59)原刊载于《橘中秘》,结论红胜。笔者认为,原结论正确,但是招法有误,此处是新编招法。

1.车六平五(!!),将6进1①;2.车五进三,车6进5;3.帅六进一,车6退1;

4.帅六退一,车6平5;5.车五平四,将6平5;6.车四平三,将5平6;

7.车三退二,将6退1;8.车三退一,车5平6;9.车三退一,卒5进1;

10.车三平五②,车6进1;11.帅六进一,车6退4;12.兵六平五,将6进1;

13.车五平七,将6平5;14.兵五平六,车6进3;15.帅六退一,车6进1;

16.帅六进一,将5平6;17.车七进二,将6退1;18.车七平五,车6退4;

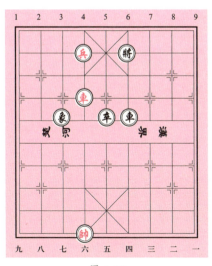

图 3-59

19.兵六平五，将6退1；20.车五平三；红胜。

注释：

①车6进5；帅六进一，车6退5；车五进三，车6平8；兵六平五，将6进1；车五平一，将6平5；兵五平六，将5平6；车一平四，将6平5；车四平七，将5平6；车七退四，将6退1；车七进三，将6进1；车七退一，将6退1；车七平五，将6退1；车五平四，将6平5；车四进一；红胜。

②车三平七，车6退2；以下红方无法可胜，和棋。

第十七节 半壁江山不失局——从杨官璘的经典名局谈车士象对车兵的防守

棋谚有"半壁江山不失局"，是指车单士象对阵车兵的形势，一般可以弈成和棋。

第一局 半壁江山不失局（一）——关于车单士象对车兵的防守

实战中经常会出现单士象不能守和车兵的情况，例如下面这局棋（图3-60）

1.车六平七，士5退4①；2.帅六退一，象9退7；3.车七平三，象7进9；

4.车三平二，象9退7；5.车二进四，车5平4；6.仕五进六，车4平7；

7.车二退一，车7进6；8.仕四进五，车7退6；9.车二退二，车7平5；

10.车二进三，车5平7；11.车二退一，车7平6；12.车二平三，象7进9；

13.车三平二，红胜。

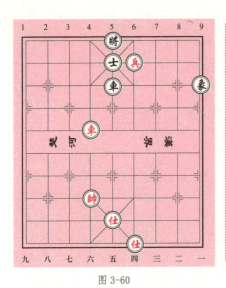

注释：

① 车5平4；帅六平五，车4平5；帅五平六，车5平4；帅六平五，车4平5；黑方不能单方面常将，否则判红胜。

图 3-60

第二局　半壁江山不失局（二）

本局（图3-61）和上一局相比，红方少一个士，进攻中就存在漏洞，从而被黑方牵制，无法取胜。

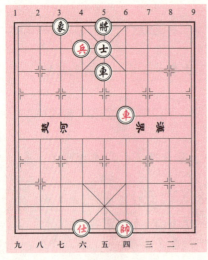

图 3-61

1.车四平二，士5退6；2.仕六进五，车5平6；3.帅四平五，车6平5；4.帅五平四，车5平6；5.帅四平五，车6平5；6.帅五平四，象3进1①；7.车二平八，象1退3；8.车八平七，象3进1；9.车七进三，车5平6；10.帅四平五，车6平4；11.车七平八，车4平3；12.车八进一，象1退3；13.帅五平四，车3平6；14.帅四平五，车6平3；15.帅五平四，车3进7②；

16. 帅四进一，车 3 退 7③；17. 车八退三，车 3 平 6；18. 仕五进四，车 6 平 5；

19. 车八平四，士 6 进 5；20. 车四平一，象 3 进 1；21. 帅四退一，象 1 进 3；

22. 车一进三，士 5 退 6；23. 车一退一，车 5 进 7；24. 帅四进一，车 5 退 7；

25. 车一平四，士 6 进 5；26. 帅四退一，象 3 退 1；27. 车四平一，士 5 退 6；

28. 车一退二，车 5 进 7；29. 帅四进一，车 5 退 7；和棋。

注释：
①黑方不能一将一捉士，必须变着，否则判红胜。
②黑方不能一将一杀，必须变着，否则判红胜。
③本局与上一局相比，由于只有一个红士，在走到①时，黑车就可以通过打将坚守要位，从而谋和。而上一局走成类似局面时，由于红方是双士，黑方就没有闲招可走，不得不离开防守要位，从而红方可以获胜。

第三局　半壁江山不失局（三）

本局（图 3-62）是杨官璘在 1965 年全国赛中对弈出的图式，最终红方获胜。笔者分析后认为，红方虽然占据优势，但是还没有对黑方形成紧密控制，黑方尚有单士单象守卫家园，如果防守得当，当是和棋。下面是笔者分析的谋和招法。

1. 车八平六，将 4 平 5；2. 车六进二，将 5 平 6（!!）①；3. 车六平五②，象 9 退 7；

4. 车五退二，车 6 进 8；5. 帅五进一，车 6 退 8；6. 车五平一，将 6 平 5；

7. 车一平七，将 5 平 4（!!）③；8. 车七进四，将 4 进 1；9. 车七平三，车 6 进 2；

10. 车三平七，车 6 平 7；11. 兵三平二，车 7 平 5；12. 相三进五，车 5 平 8；

13. 兵二平三，车 8 平 7；14. 兵三平二，车 7 平 5；15. 兵二进一，士 5 进 4；

16. 车七退一，将 4 退 1；17. 兵二平三，车 5 平 4；18. 兵三平四，将 4 进 1④，和棋。

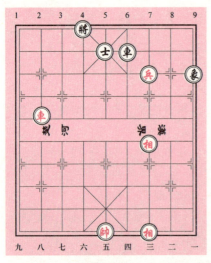

图 3-62

注释:

①谋和的关键要招,实战中黑方走象9退7,最后红方获胜。

②车六平七,士5退4;兵三平四,车6平4;车七退二,车4平5;相三退五,车5进2;车七平二,象9退7;车二平四,将6平5;兵四进一,车5退1;车四平三,象7进9;车三平二,象9退7;车二进四,车5平7;车二退三,车7平5;和棋。

③黑方不怕牺牲象,算准红方没有士,红车吃象后,可以逼红兵走成低兵,成为车士和车兵的局面。

④最后形势,由于红方没有士的协助,也就没有办法抢占六路肋道,红方无法进取,和定。

第四局 半壁江山不失局(四)

本局(图3-63)图式原谱作红胜,其实应该是和棋。下面首先分析红胜招法,再给出笔者认为的和棋招法。

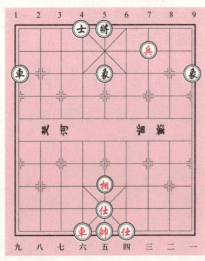

图 3-63

1.车六进八(!),车1进7①;2.相五退七(!)②,车1平3;3.仕五退六,车3退1(!)③;

4.兵三平四,车3平2;5.仕四进五,车2退2(!)④;6.仕五进四⑤,车2进2;

7.帅五平四,车2退2⑥;8.帅四进一,车2平3;9.帅四平五,车3进2;

10.帅五进一,车3退1;11.帅五退一,车3退1;12.帅五平六,车3退6;

13.车六退一,象5进7;14.车六退一,象7退5;15.车六平二,象9退7;

16.车二进三,车3进8;17.帅六进一,车3平7;18.车二退二,象5进3;19.车二平六,士4进5;20.车六进一,士5进4;21.车六退一;以下红方再车六进二杀,红胜。

注释:

① 此时,黑方另外有两种走法,分析如下:

象5进7;仕五进四,士4进5(车1平2;兵三平四,车2平1;帅五平六,车1退2;车六退二,士4进5;车六平五,车1进1;帅六平五,象9退7;相五退七;以下红兵破士胜定);兵三平四,士5退6;车六平八,车1退2;仕四进五,象7退5;仕五退六,象5退3;车八退二,车1进2;车八平七,士6进5;车七进三,士5退4;车七退三,车1平5;车七平二,象9退7;车二进三,车5平7;车二退一,车7进7;帅五进一,车7退7;帅五平四,车7进6;帅四退一,车7退4;车二退一,士4进5;车二平五;以下红兵破士胜定。

或士4进5(?!);兵三平四,士5退6(!!);车六平八,车1退2;车八退一,象9进7;车八退一,象7退9;相五退七,车1平4;仕五进六,车4平3;帅五进一(此时,黑方被全面禁围,形成无子可走的局面),士6进5(如果象9进7,则车八平二,伏下底捉士;又如,车3平1,则帅五平四,黑方都难以应对);车八平二,车3进8;帅五进一,象9退7;车二进二,士5进6;车二退一,车3平6;车二平三,将5平4;车三进二,将4进1;车三平五,车6进1;车五退二,车6退3;帅五退一,车6进1;帅五退一,车6退1;仕六退五,车6退2;车五平七,车6进2;车七退二,车6平4;车七进三,将4退1;车七退一,将4进1;车七平四;红胜定。

这说明,第二种招法虽然更为顽强,但是黑方也无法避免失败的结果。

② 仕五退六(??),象5进7;兵三平四,车1退7;仕四进五,车1平5;仕五进四,车5平2;帅五平四,车2平5;仕六进五,车5平2;仕五进六,车2平5;帅四平五,象9退7;仕六退五,士4进5;车六平八,士5退4;车八退三,车5平6;车八进三,车6平5;帅五平六,车5平4;帅六平五,车4平5;帅五平六,车5平4;帅六平五,车4平5。此变按照2011版最新中国象棋规则,当某方只有一个进攻子力时,占据防守要津,立即形成简明和棋,附带产生的捉士相按照闲招处理,所以黑方是一将一闲对红方两闲,双方不变作和。从此变可以看出,由于黑方可以把中象飞开,就为黑车占据有利的防守位置创造了条件,在此位置黑车不仅可以看黑士,而且可保留借士兑车的棋,故此变红方无法进取,和定。也说明黑车将军时,红方弃去红

相就可以不违反棋规取胜。按照以前的象棋规则也有判红胜的。

③车封锁红方二线是为了防止红方帅五进一,再平六做杀。

④抬高车是为了防止红方帅五平四,再兵四进一绝杀。

⑤试图露帅助攻,如果车2平5,仕六进五,车5平2,帅五平六,以下可以参考主变招法,红胜。

⑥否则仕四退五,下一招兵四进一,绝杀,红胜。

本局主变及注解虽然精彩,但是本局却不是红胜局。走到③时:

士4进5(?!);兵三平四,士5退6(!!);车六平八,将5平4;仕四进五,车3退5;车八退一,象9进7;车八平六,将4平5;车六进一,车3平5;和棋。

第五局 半壁江山不失局(五)——车双低兵单缺士和车士象全

有了上一局的和棋功底,在遇到单车防守车双兵局面时,就能做到心里有数了。方法是防止一兵换双士,如果红兵换单士后,再按照前面规律谋和。本局图式(图3-64)原刊载于屠景明《象棋实用残局》,笔者分析的结论为和棋。

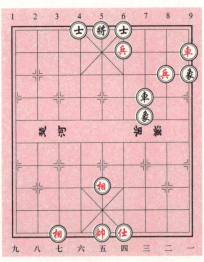

图3-64

1.兵二进一,车7平6;2.兵二平三,士4进5;3.车一平二,车6退1;

4.车二退二,士5进4;5.仕四进五,士4退5;6.车二平八,士5退4;

7.仕五退四,车6平7;8.车八平六,士4进5;9.车六进二,车7平3;

10.兵四平五,士6进5;11.兵三平四,车3平5;12.仕四进五,象9退7;

13.车六平七,士5退4;14.相七进九,车5平4;15.仕五退四,象7进9;

16.相九退七,车4平5;17.车七平八,车5平3;18.仕四进五,车3平4;

19.仕五退六,车4平6;20.车八平六,车6平5;21.仕六进五,士4进5;

22. 车六平八，士5退4；23. 相七进九，车5平4；24. 相九进七，象9退7；
25. 车八平九，象7进9；26. 相五退七，车4平8；27. 相七退五，车8平5；
28. 相七进九，车5平4；29. 车九平八，象9退7；和棋。

第十八节 马炮争雄——马炮必胜马双士

马炮无士相的情况，一般是必胜炮双士，必胜马双士。但是由于马路灵活，取胜难度较大。下面分析几则典型局面。

第一局 马炮必胜马双士典型局面（一）

此局（图3-65）黑马在肋道将前被拴，红方要取胜有两种走法，一种方法是白吃一个士，采用蚕食的方法取胜。需要注意的是，帅让开中路再去吃士，否则红马被黑将粘死，立和。另外一种方法是以炮换马士，形成单马必胜单士的局势。

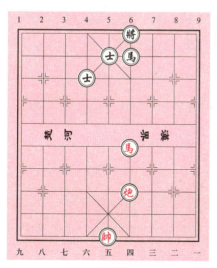

图3-65

1. 帅五进一（!）①，士5退4；2. 炮四退一（!），士4进5；3. 炮四退一（!）士5退4；

4. 马四进二，马6进5；5. 马二进四，马5退6②；6. 帅五平六③（!），士4退5；

7. 马四进五④；红胜。

注释：

①此招进帅和下两招退炮至四路底线，均是精细走法，目的是防止黑马借照将透松局势，通过把红帅调整到九宫中心，把炮调整到四路底线，可以同时保持红炮在四路肋线及中路的强大威慑力，就可以毫无顾虑去进攻，不怕黑方纠缠，而将局势导向胜利的局面。

②只好退马，黑将平中，则马会被红炮从中路打死。如果此时炮不在底线，则黑可以黑将平中，局势缓和，红方要取胜还要费许多周折，显示了前面几招停招的重要性。

③ 红方也可以炮四进八，将6进1，马四进六，以下成为单马必胜单士的局面，红胜。

④ 破去一士后，红方胜定。

第二局　马炮必胜马双士典型局面（二）

本局（图3-66）黑高士相联，将已经被控制在6路肋线，红只需要待黑士拆散后，再通过借炮使马将军调整马位，即可以得马胜定。

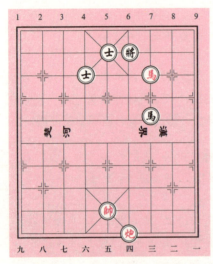

图3-66

1. 帅五进一（！）①，士5退4；2. 马三退四，马7进6②；3. 马四退三，马6退7；

4. 马三退二（！），士4退5；5. 马二进四，马7退6；6. 马四进二，马6进5；

7. 马二进四，士5进6；8. 马四进三，将6平5；9. 马三退五；红得马胜定。

注释：

① 先用帅停一下，使黑方防守阵形散乱些再进攻，招法准确有力。

② 马7退6；马四退三，马6进5；马三退二，士4进5；马二进四，马5退6；马四进二，马6进5；马二进四，士5进6；马四进三，将6平5；马三退五；红得马胜定。

第三局　马炮必胜马双士典型局面（三）（图3-67）

1. 帅五进一，将6退1；2. 炮四退一，将6进1；3. 马四进二，马6进7；

4. 马二进四，马7进6①；5. 马四进三，马6退5②；6. 炮四进一，马5退7③；

7. 马三退五，将6退1④；8. 马五进四，马7退6⑤；9. 帅五退一⑥（！）

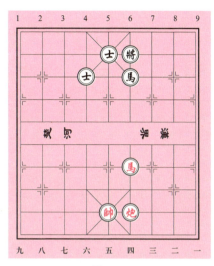

图 3-67

士 5 退 4；

10. 炮四进一，士 4 进 5；11. 炮四退二，士 5 退 4；12. 马四进二，马 6 进 5；

13. 马二进四，马 5 退 6；14. 炮四进八，将 6 进 1；15. 马四进六；最后局势，单马必胜单士，红胜。

注释：

① 马 7 退 6；马四进三，马 6 进 7；此时局面与第二局类似。以下招法为：炮四进四，马 7 进 8；炮四退三，马 8 退 7；炮四退一，士 5 退 4，以下参考第二局招法，红胜。

② 马 6 退 8；马三退二，将 6 退 1；马二进四，马 8 进 6；炮四进二，将 6 平 5；马四进六，将 5 平 4；红得士胜定。

或马 6 退 7；取胜招法参见①。

③ 士 5 退 4；马三退二，将 6 退 1；马二进四，马 5 进 6；马四进六，红得士胜定。

④ 马 7 退 5（??）；马五退四，士 5 进 6；马四进三，将 6 平 5；炮四平五，红得马胜定。

⑤ 此时成为第一局局面。

⑥ 调整子力位置，此过程不可少，否则不利于取胜。

第四局 马炮必胜马双士典型局面（四）

本局（图 3-68）红炮进而复退，极尽牵制之能事。其中帅的牵连控制、等招的应用等均达到了高深莫测、炉火纯青的境地。

1. 炮九退三，士 5 退 6①；2. 炮九进一，士 6 进 5②；3. 炮九进二③，士 5 进 4④；

4. 帅五平六，士 6 退 5⑤；5. 炮九退六（!!），士 5 进 6；6. 炮九进四（!!）⑥士 6 退 5；

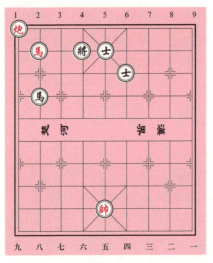

图 3-68

7.帅六平五，士5退6；8.炮九退四，士4退5；9.马八退七⑦，将4退1；

10.炮九平六，马2进3；11.炮六进一，马3退2；12.马七进五，将4平5；

13.帅五退一，马2进1；14.马五进三，将5平4；15.马三退四，将4进1⑧；

16.马四退六，士5进4；17.马六进八，士4退5；18.马八退九；红方得马胜定。

注释：

①马2退1；炮九平六，士5退6；炮六退四，士6进5；马八退七，将4退1；马七进五，马1进2；马五退六，马2退4；炮六退二，将4进1；马六进七，马4进5（如果马4进3，此时成为第二局的局面，红胜）；帅五进一，马5进3；马七退五，将4退1；马五退六，马3退4；成为第一局的局面，红胜。下面大约还有7招红方就可以得士或者马，所以这样变大概18个回合红方得士或得马胜定。

②马2退1；马八退九，士6进5；马九退七，马1退3；炮九进二，马3进4；马七进五，将4退1；马五进七，将4平5；马七进八，马4退3；炮九平七；红方得马胜定。

③此几步动炮是为了调整先后手，红帅的位置已经极佳，不需要调整。

④士5退6；马八退七，将4进1（退则丢士）；炮九退六（!!），士6进5（马3进1；马七退五，将4退1；马五进四，红方立即得士）；炮九平六，马2进3；马七退六，马3退4；炮六进三；红方得马胜定。

或马2退1，这是黑方较为顽强的应手，招法见第五局介绍。

⑤将4平5（?）；炮九退二，将5平6；马八进六，将6平5；炮九平四；红方得士胜定。

⑥经过逼抢要位，使黑方面临底士相连，容易受攻的局面。

⑦这一顿挫非常重要！

⑧马1退2；马四进六，马2进4；马六进八，将4平5；炮六平二；绝杀无解，红胜。

第五局　马炮必胜马双士典型局面（五）

此局（图3-69）是第四局按照注解④走过三个回合后的图式，以下红方欲吃去一个士或者一个马还需要20多个回合的战斗，说明此变黑方的应法非常顽强。

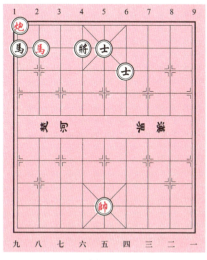

图3-69

1.炮九平八，士5退6①；2.马八退七，马1进3；3.炮八退七（!!），将4退1；

4.炮八平七，马3进5②；5.马七进八，将4进1③；6.炮七平九，马5退3④；

7.炮九平六，士6进5；8.炮六退二（!!），马3退1⑤；9.马八退七，将4退1；

10.马七进五，马1进2；11.马五退六，马2退4；12.帅五进一，将4进1；

13.马六进七，马4进3⑥；14.炮六进四，士5退6；15.炮六退三，士6进5；

16.炮六退一，士5退6；17.马七退六，马3进4；18.马六退七，马4退5⑦；

19.马七退八，士6进5；20.马八进六，马5退4；21.马六进八，马4进5；

22.马八进六，士5进4；23.马六进七，将4平5；24.马七退五；红方得马胜定。

注释：

①士5进4；马八退七，将4退1；炮八退七，马1进3 [马1进2；炮八平六，士4退5；马七退五，马2退3；帅五退一，马3进2；炮六退一，马2退3；马五退七，将4平5；炮六平五，将5平4〈将5平6（?）〉；炮五平七，马3进5；马七进六，将4平5；炮七平六，将5平6；炮六平五，马5退3；炮五平四，将6平5；马六进四；红得士胜定]；炮八平七，马3进1；马七退五，将4平5（士4退5；马五退七，马1进2；炮七平六，将4平5；马七进六；红必得士胜定）；炮七平五，士6退5（士4退5，变化

与此变相仿）；马五进三，士5退6；马三进五，士6进5；帅五平四，马1进3；炮五进三，马3退2；马五进三，将5平4；炮五平六，马2进4；帅四平五，士5退6；马三退二，士6进5；马二退四，将4平5；马四进六；红方得马胜定。

②马3进1；马七退五（!!），士6进5（将4平5；炮七平五，士6进5；帅五平六（!!），马1退3；马五进三，士5退4；马三进二；以下红必得士胜定）；马五退七（!!）（红马关键的两招腾挪，控制要位，使黑马不得有看护的点位，故可以顺利取士），马1进2；炮七平六，将4平5；马七进六，将5平6；炮六平四，将6平5；马六进四；红破士后胜定。

③将4平5；马八退六，将5平4（将5进1，则马六退七吃死黑马）；炮七平六，马5进4；马六进八，双将杀无解，红胜。

④如果将4平5；炮九退二，将5平6；马八进六，将6平5；马六退七；红必得马胜定。

⑤马3进5；马八退七，将4退1；马七退六，马5退4；以下成为第一局局面，红胜。

⑥现在成为类似第二局的图式，红方已经胜定。此招如果黑方走马4进5，则红方更容易取胜，招法为：马4进5；炮六进一（!!!），士5退6（马5退3；马七退五，将4退1；马五退六，马3退4；以下成为第一局局面，红胜）；马七进八，将4进1（否则炮六平九，将4平5，黑中马必丢）；马八退九，士6进5；马九退八，士5退6；马八进六，马5进4；马六退四；红方得士胜定。

⑦马4退6；帅五退一，马6进7；帅五退一，马7退5；马七进六，将4平5；马六退五；红方得马胜。

第六局　马炮必胜马双士典型局面（六）

这是黑方防守中较为常见的阵势（图3-70），看似防守牢不可破，其实红方仍然有办法攻破防线，得士或者得马胜。

1.马三退四，将6平5；2.帅五退一，将5平4①；3.炮四平六，将4平5②；

4.炮六平五，将5平6③；5.炮五退一（!!），马3进5；6.马四退二（!），

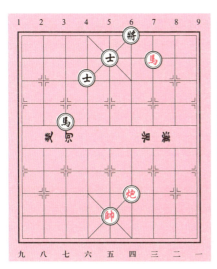

图 3-70

士 5 退 4；

7. 炮五平四，马 5 进 7；8. 马二进三，将 6 进 1；9. 帅五进一④，将 6 进 1；

10. 帅五进一，将 6 退 1；11. 炮四进一，士 4 进 5；12. 炮四退二，士 5 退 4；

13. 马三退四，马 7 退 6⑤；14. 马四退二，马 6 进 7；15. 马二退四，马 7 退 6；

16. 马四退五，马 6 进 5；17. 马五退三，士 4 进 5；18. 马三进四，马 5 退 6；

19. 马四进二，马 6 进 5；20. 马二进四，士 5 进 6；21. 马四进三，将 6 平 5；

22. 马三退五；红方得马后胜定。

注释：

①马 3 退 5；炮四退一，马 5 进 3；炮四平五，马 3 退 5；帅五平六，将 5 平 6；马四退二，士 5 退 4；帅六平五，士 4 退 5；炮五进一，士 5 进 4；炮五平四，马 5 进 7（士 4 进 5；马二退四，马 5 退 六；以下参考第一局，红胜）；马二进三，将 6 进 1；以下参见第二局，红胜。

②马 3 进 4；帅五平四，将 4 平 5；马四进三，将 5 平 4；炮六退二（!!），士 5 进 6；马三退四；红得士胜定。

③将 5 平 4；帅五平六，士 5 退 6（马 3 进 4；马四进三，士 5 退 6；炮五平六，士 6 进 5；炮六退一，士 5 进 6；炮六进六；红得士胜定）；炮五平六，将 4 平 5；马四进三，将 5 进 1；炮六平五，马 3 进 4（将 5 平 4；马三退五；则红必得士或者造成侧翼拴马并吃死马的局面）马三退四，将 5 平 4；炮五平六，将 4 退 1；马四进六；红得士后胜定。

或马 3 退 5；帅五平六，将 5 平 6；炮五退一，马 5 进 4（将 6 平 5；马四退二，将 5 平 6；帅六平五，士 5 进 6；炮五平四，士 6 退 5；马二退四，马 5 退 6；以下参见第一局，红胜）；帅六平五，马 4 退 5；马四退二，将 6 进 1（士 5 进 6；炮五平四，士 6 退 5；马二退四，马 5 退 6；此时参考第一局，红胜）；炮五平四，马 5 进 7；马二进三；以下参考第二局，红胜。

④此时与第二局图式类似，以下参考前面拟定的招法取胜。

⑤马7进6；马四退三，马6退7；马三退二，士4进5；马二进四，马7退6；马四进二，马6进5；马二进四，士5进6；马四进三，将6平5；马三退五，将5退1；红方得马后胜定。

第七局　马炮必胜马双士典型局面（七）

本局（图3-71）是笔者修改屠景明《象棋残局例典》，去掉一个士得到的图式。由于黑马被牵，不能迅速调整到最佳防守阵形，所以红方抢先做杀而胜。

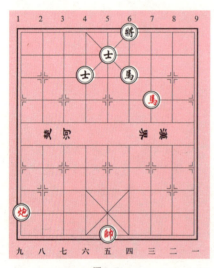

1. 帅五平四（!），将6平5①；2. 炮九平五，士5退6②；3. 马三进五，士4退5③；

4. 马五退七，士5退4④；5. 马七退五，士4进5⑤；6. 炮五平一，将5平4⑥；

7. 炮一进八，将4进1；8. 马五进七，将4进1；9. 帅四平五，马6进4；

10. 炮一退一，士5进6；11. 炮一平九，马4进3；12. 马七进八；红胜。

图3-71

注释：

①士5退4；马三进二，将6进1；炮九平一，绝杀无解，红胜。

②将5平4；马三进五，将4平5（马6进5；炮五平六，马5进4；炮六进一，将4平5；马五进三，将5平4；帅四平五，士5进6；马三退四，士6退5；帅五进一，将4进1；马四退二；再退四吃死马，红胜。又如走马6进8；马五退六，士5退6；炮五平六，士6进5；马六进八，将4平5；马八进七，红胜）；马五退六，将5平6；马六进四，马6进4；帅四平五，马4退6；炮五平四，将6进1；马四进二；红胜。

③士6进5；马五退六，将5平6（士5退6，则马六进八吃死士；若马

6进5,则马六进七困毙,均红胜);马六进八,将6进1;帅四进一,将6退1;帅四进一,将6进1;炮五平四,将6退1;炮四进六,士5进6;马八进六;黑欠行,红胜。

④将5平4;马七进八,将4进1;炮五平九,马6进4;以下黑必丢马负。

⑤士6进5;炮五平九,马6进4(将5平6;炮九进八,将6进1;马五进三;立败);炮九进八,马4退2;马五退七,士5进6;马七进六;红得士胜。

⑥马6退7;炮一进八,将5平4;马五进七,将4平5;帅四平五,将5平4;帅五进一(!),将4平5;马七进八;此变黑方不愿意丢士,则被困毙红胜,否则丢士也是红胜。

第八局　马炮例胜炮双士

在一般情况下,马炮没有士相的辅助都可以战胜炮双士,黑方双士有高士和低士之分,其中高士暴露在外,更易受到攻击,下面举一例低士的例子,系笔者搜集的实用残局图式(图3-72)。

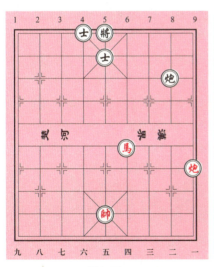

图3-72

1.炮一平七,将5平6;2.马四进五,炮8平5;3.马五进三,将6进1;

4.炮七平四,炮5平4;5.马三退四,炮4平6;6.马四进五,炮6平7;

7.炮四退一,炮7进4①;8.炮四进二,炮7退4;9.炮四退一,炮7进7;

10.马五退四,士5进6;11.马四退三,士6退5;12.炮四进一,炮7退1;

13.炮四退二,炮7进1;14.马三进四,士5进6;15.马四退二,士6退5;

16.马二退四,士5进6;17.马四退二,士6退5;18.马二退三②;红胜。

注释:

①将6退1;马五退四,炮7平6;马四进三,将6平5;炮四平七,炮6平3;炮七进四,炮3退1;炮七进一,炮3退1;炮七进一,炮3平2;

炮七进一；红胜。

②或炮7平8（??）；马五退三，将6退1；马三进二，将6进1；炮四平一，炮8平9；马二退三，炮9平7；炮一平三；红方得炮胜定。

② 红方得炮后胜定。

第十九节 树上开花——车马兵有士相必胜车士象全

车马兵有士相对阵车士象全的棋局，笔者认为一般红方可以获胜，但是要掌握一定的规律和方法，否则也有被黑方谋和的可能，本节介绍两则局例。

第一局 车马兵有双士必胜车士象全

本局（图3-73）演示了车兵巧胜车双象、车马巧胜车双象、车马必胜车士象等实用残局形势，非常实用，分析如下。

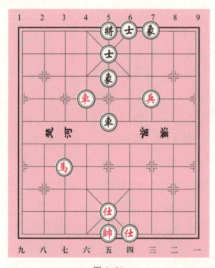

图3-73

1.马七进六，车5平7①；2.马六进八，车7平3；3.兵三进一，车3退2；4.兵三进一，象7进9；5.仕五退六，象9进7；6.车六平五，象5退3；7.兵三平四，象7退5；8.马八退六，车3进5②；9.仕四进五，车3退2；10.马六进四，士5进6；11.车五退一，车3退4③；12.马四进六，将5平4；13.车五平六，士6退5；14.马六进七，车3平4④；15.车六平一，车4平3；

16.兵四平五⑤，车3平5；17.马七退六⑥；红胜。

注释：

①士5进6；马六进八，士6进5；兵三进一，车5平3；帅五平六，车3退2；兵三平四，士5进6；车六进三，将5进1；车六退一，将5退1；马八进七，将5平6；车六进一，将6进1；车六平三（此时形成车马双士

必胜车单士象的残局），象5进3；帅六平五，象3退1；车三退一，将6退1；仕五退六，象1退3；仕四进五，象3进5；帅五平四，象5进3；车三退二，象3退1；车三进三，将6进1；车三平一，象1进3；马七进五，将6平5；马五退三，将5平4；车一平八，象3退5；车八退一，将4退1；车八退三，将4进1；车八平六，将4平5；车六平五，将5平6；车五平四，象5退3；马三退二，车3平4；马二进四；红胜。

②车3平2；马六进四，士5进6；车五退五，士6进5；车五平一，将5平4；兵四平五，士6退5；车一平六，士5进4；马四进六，车2平3；马六退五，将4平5；马五进四，将5进1；马四进三，将5退1；车六进七，将5平6；马三退四，车3进4；车六平五，车3平5；仕四进五；车5平8；马四进二，车8退5；车五平二；红胜，此变演示的是红方算准以后，以兵换双士，成为车马巧胜车双象的局面。

③车3退3；车五平一，士6退5；车一进四，车3退1；马四进五，将5平4；马五退七，车3进1；车一平四，将4进1；车四平五，象5进7；兵四平五，将4进1；仕五退四，车3退1；车五平六，车3平4；车六退一；红胜。此变演示的是马破双士，车兵巧胜车双象的实用残局。

④将4平5；马七退五，士6进5；车六平一；红胜。

⑤树上开花，在黑方吃马的同时，毅然不顾逃马，反而再次要求献兵，招法准确有力！此时，不管黑方吃马还是吃兵，都构成红方必胜的局面，显示了红方的大局观和精妙的算度。

⑥最后成为车马有士必胜车单士象的局面，红胜。

第二局　车马兵双相必胜车士象全

本局（图3-74）曾刊载于多种象棋谱著作中，原结论为红胜。此处是新编招法，列出了黑方较为顽强的防守变化，最后演变成为车兵巧胜车单士象的实用残局。

1. 马一进二，车8退1；2. 帅五平四，将4进1；3. 兵一进一，将4退1；4. 马二进四，将4平5①；5. 相五进七，象5进3；6. 车四退三，象3退5；7. 车四退二②，车8进7；8. 相七退五，车8退7；9. 车四进三，士5进6③；10. 兵一平二，车8平9；11. 车四平八，将5平6；12. 车八进三，将6进1；13. 车八平五（！），车9平7④；14. 车五退二，将6退1；15. 车五退一，车7平9；

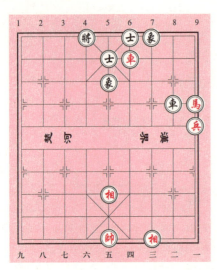

图 3-74

16.车五平八，象7进5[5]；17.兵二平三，将6平5；18.车八进三，将5进1；

19.帅四平五，将5平6[6]；20.车八平二，象5进3[7]；21.帅五平六，象3退5；

22.车二平三，车9退1；23.兵三进一，士6退5；24.帅六平五，士5进4；

25.车三平八，士4退5；26.相五进三，车9平8[8]；27.车八退二，将6退1；

28.车八平五，车8平6；29.车五退一，将6平5；30.车五平七，将5平4；

31.车七退二[9]（!!），车6进5；32.车七进五，将4进1；33.车七退一，将4退1；34.车七平五；红胜。

注释：

①如果黑方此时急躁，随手走士5退6去马，则红方车四进一后形成车高兵有双相必胜车双象的局面，红胜。

②马四退五，则象7进5，由于此时红方走子过于急躁，黑方阵形没有散乱，所以车单士象可以从容布置成对车兵的最佳阵势，和棋。

③象5进3；兵一平二，车8平2；兵二平三，车2进7；帅四进一，车2平7；马四退三，车7退1；帅四退一，象7进5；马三进一，车7平4；马一退二，车4进1；帅四进一，将5平4；兵三进一，车4退1；帅四退一，象3退1；兵三进一，车4进1；帅四进一，车4退8；兵三平四，车4进7；帅四退一，车4退7；车四平八，象1退3；车八平三，士5退6；兵四进一，车4进8；帅四进一，车4退4；马二进三，将4进1；车三平七，车4平6；帅四平五，车6退5；马三退五；红胜定。

④象5进3；车五平三，车9进2；车三退六，车9平6；帅四平五，士6退5；兵二进一，士5进4（士5退6；车三进五，将6进1；车三平六，车6平7；帅五平六，车7退1；车六退三，将6退1；车六平四，将6平5；车四进四；红胜定）；兵二平三，车6平4；车三平五，车4平7；兵三平二，士4退5；车五平四，士5进6；帅五平四，将6平5；车四进四；成为车

低兵有相必胜车象的局面，红胜。

⑤车9平7；兵二平三，车7平9；车八进三，将6进1；车八平三，将6平5；车三退一，将5退1；车三平二，将5平4；帅四平五，将4平5；车二进一，将5进1；车二退四，将5退1；车二平五，将5平6；相五进三，车9平8；车五进二，将6进1；兵三平四，车8平9；帅五平四，车9平8；兵四进一，车8平6；车五平四，将6平5；红胜。

⑥将5平4；兵三平四，车9平7；车八退一，将4退1；车八退一，士6退5；兵四平五，将4平5；兵五进一，车7进2；车八进一，士5退4；车八平六，车7平5；兵五平四，车5平1；车六平三，士4进5；车三进一，士5退6；兵四进一，将5平4；车三平四，将4进1；红胜。

⑦车9进2；车二退一，将6退1；兵三进一，车9平6；车二进一，将6进1；车二平五，士6退5；兵三进一，将6进1；车五平二，红速胜。

⑧车9进3；兵三进一，将6进1；车八平二，车9退2；车二退三；红速胜。

⑨良好的停招，由此一招，黑方由于没有好棋可走，立败。

第二十节 循序渐进——车炮兵士相全胜车炮士象全

学棋是个循序渐进的过程，不能一蹴而就，不能妄想学到一两招绝招就能够打败对手。工作中也要一步一个脚印，逐步积累，才能实现自己的目标。下面介绍两则车炮兵对车炮（或车马）的实战残局来说明循序渐进的意义。

第一局 车炮兵士相全胜车炮士象全

本局（图3-75）是2003年象棋甲级联赛辽宁卜凤波与吉林李轩对弈的残局形势，红方借铁门栓之势，进攻节节推进。进攻构想共分为两步，第一步，逼黑炮后退至中象口处；第二步，以兵换得炮象，成为车炮士相全必胜车炮单缺象的局面。

1.帅五平四（!），车9退1；2.兵八平七，车9平7；3.兵七平六，象3进1；

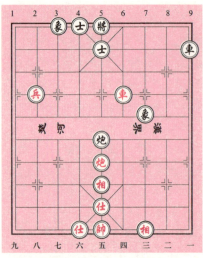

图 3-75

4.车四退二，炮5退1；5.炮五进一（!），象1进3；6.车四进一，炮5退2；

7.炮五进二①，象3退1；8.兵六进一，象1退3；9.车四进二（!），车7平9；

10.车四平三，象7退9；11.兵六平五，象3进5；12.车三平五，车9平6；

13.帅四平五，车6进2；14.炮五平八（!）②；红胜。

注释：

①至此，完成构想第一步。面对红方出帅助杀，车炮兵步步紧逼，黑方节节败退，显得无奈又无助。

②借叫杀摆脱牵制，完成第二步，成为车炮士相全必胜车单缺象的局面，黑方认输。

第二局 车炮兵单缺相胜车马士象全

本局（图3-76）是由河北申鹏与江苏徐超在第三届全国体育大会对弈的局势改变而来，红方车炮兵左右突击，巧招入局，值得借鉴。

本局是借用棋规取胜。

1.兵七进一，车9进4①；2.仕五退四，车9退5；3.兵七平六，车9平4；

4.车七进五，车4退1；5.仕四进五，车4进3；6.炮五进四，车4退3；

7.炮五退三②，象7进9；8.炮五平八，车4平2；9.炮八平九，象9退7；

10.车七进一，车2平1；11.炮九平五，车1平5；12.炮五平九③；红胜定。

注释：

①车9平4；车七进三，车4退3；帅五平四，马4进3；车七平四，将5平4；车四平八，将4平5；车八平七，将5平4；炮五平七，马3退1；

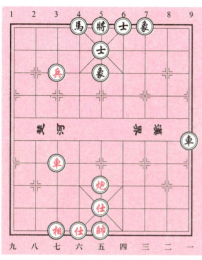

图 3-76

兵七平八，车4平1；炮七平九；捉死黑马，红胜定。

或车9平4；车七进三，车4进1；车七平四，车4退2；兵七平六（献兵捉马，伏帅五平四，杀，妙手！），车4平5；帅五平四，象7进9；炮五平六，车5平4；兵六进一，士5退4；车四进三，将5进1；红兵换马破士胜定。

②红炮脱根，为利用规则做准备。
③黑方不能常捉，必败。

第四章 古今排局赏析

第一节 趣味排局——单子和全军排局

第一局 单炮孤相巧和满盘十六子

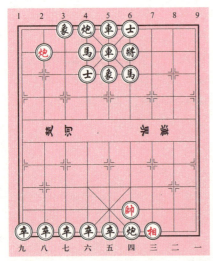

图 4-1

这局是困子局排拟的先驱作品（图 4-1），是一种趣味性排局，名为"单刀赴会"，引自《蕉竹斋象棋谱》。本局充分表现了炮的控制力与困子作用。

本局红先和，黑先也和。

那么，问题就出来了，单子（当然，包括帅就是二子）在特定局面下能够守和全军吗？在朱鹤洲主编的《象棋排局例典》中有八局"一子和全军"的排局。但是除了两局炮和全军外，都不是长生和。我们先来欣赏一下该书中刊载的一炮和全军的两局长生和排局。

第二局 一炮和全军（一）

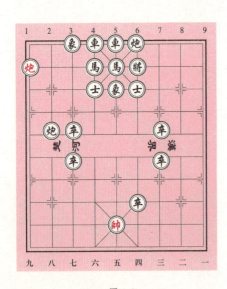

图 4-2

本局（图 4-2）刊载于朱鹤洲的《象棋排局例典》，是由姚佑根先生排拟的。这局棋排拟的真妙，哪个子都有用，真是见功夫啊！

炮九平七（！），炮2进5（闲）；帅五退一（闲），炮2退1（闲）；帅五进一（闲），炮2进1（闲）；帅五退一（闲）；双方都不能变着，谁变则负，两闲对两闲，和。

第三局 一炮和全军（二）

本局（图4-3）刊载于朱鹤洲的《象棋排局例典》，据查是彭树荣先生的作品，也是长生和，可谓兵不血刃，真妙！

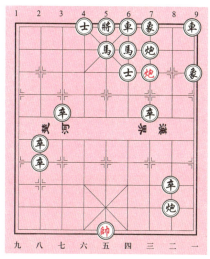

炮三退一，前卒平1；帅五进一（闲）①，炮8进1（闲）；帅五退一（闲），炮8退1（闲）；双方都不能变着，谁变则负，两闲对两闲，和。

注释：

①如果红方炮三平七做杀，则炮8平3；炮七平八，炮3平2；炮八平九，炮2平1；炮九平七，炮1平3；红炮步步做杀，属于长杀，是禁止招法。而黑方献炮解杀，属于长闲，是允许招法。所以，红炮若左移做杀就须变着，不能成和。

图4-3

第四局 单马巧和全军（一）

受彭树荣先生曾经排拟出的"铁马犁春"（朱鹤洲，《象棋排局例典》）启发，笔者排拟了3局单马和16子棋局。"铁局"最后是经过拼杀黑方弃去数子后，红马巧妙牵制和，笔者排拟的3局是黑方不弃1子，牵制和。如图4-4所示。

本局妙在困住黑将的移动速度，按照最快的步骤计算，比如，要走开底象，跳开4路马，再跳开中马，共需要3步以后才能动将，所以就给红方牵制提供了宝贵的时间，黑方为了防住红方马二进一，以后的马一进二杀，就不得不试图把黑炮调到8路防守，无奈红帅可以常拦，故和定。本局棋黑方基本没有冗子，所以布局算成功的。

本局的招法是:

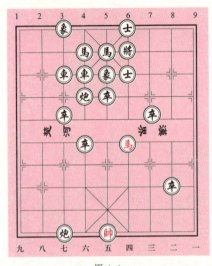

图 4-4

马四进二(闲),炮3退1(闲);帅五进一(闲),炮3进1(闲);帅五退一(闲);炮3退1(闲);帅五进一(闲),炮3进1(闲);帅五退一(闲);双方都不能变着,谁变则负,两闲对两闲,和。

第五局 单马巧和全军(二)

笔者原认为这局棋需在黑方7路河口象口处放置一枚棋子,以防止黑象飞回中间救护,现在看来黑方没有时间飞象,这是由于黑炮的防守要位刚好是在象腰位置,黑方空有众多子力,也疲于应付,红方得以谋和,布局成功。美中不足是黑方4个过河的小卒并没有严格的位置限制,可以布在多种位置,不知可否进一步改进。如图4-5所示。

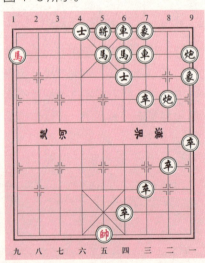

图 4-5

马九进七(杀),炮8退1(闲);马七退九(闲),炮8进1(闲);马九进七(杀),炮8退1(闲);马七退九(闲),炮8进1(闲);双方谁也不能变着,谁变着谁负,和定。

第六局　单马巧和全军（三）

本局（图4-6）把黑将布在6路底线，为了减少黑将可以移动的度数，在其前面用红帅栓连一只黑马，其他子力位置就要相应调整，黑方防守则和第四局类似，最后红帅常拦黑炮和。

此外，笔者曾尝试排拟黑将在（5，3）位置的和棋，没有成功。

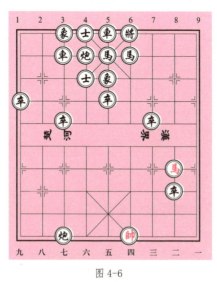

图4-6

第七局　单兵和全军（一）

本局（图4-7）是笔者仿照单马能和十六子所拟，不过子力位置有变化，如果照搬那一局则会输棋，如果简单地把兵换成马也是输棋。

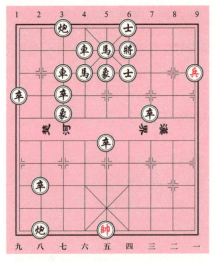

图 4-7

第八局 单兵和全军（二）

本局（图 4-8）一个底兵和全军，可以说是单子能够和对方全军的极限了，可谓妙哉！

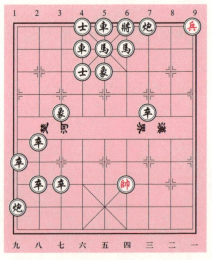

图 4-8

第二节 趣味排局——双炮禁双炮

第一局 盲公顶棍（一）

此局（图4-9）是一个著名的古谱排局，刊载于《竹香斋》第二集第70局"双炮禁双炮"。此局谁先走谁必胜，有一定的规律性。在《杨官璘象棋研究》中有一局，叫"盲公顶棍"，指出此局关系到单双数问题，把双数推给对方才可以获胜。著名排局研究家瞿问秋曾总结出先走方取胜的简明口诀："兵动则炮齐；炮齐则兵动；兵不动则'五四'、'三二'、'一零'"，最后一句是说兵不动时两对炮之间距离的格数。

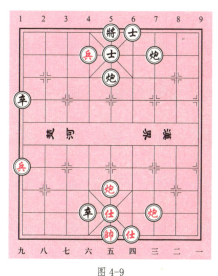

图 4-9

第二局 盲公顶棍（二）

本局（图4-10）谁先走谁必胜，口诀是44、22、11，这些数字指的是两对炮之间距离的格数。

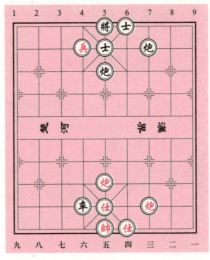

图 4-10

第三局　盲公顶棍（三）

本局（图 4-11）16 个子谁先走谁必胜，如果兵卒没有动过，参照第二局，如果对方走过兵或者卒，参照第一局。

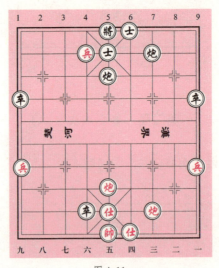

图 4-11

第四局　盲公顶棍（四）

本局（图4-12）是一则和棋。招法为：

1.炮一进六①，炮5进4；2.炮一退一，炮5退2；3.兵三进一，炮5进1；

4.炮五进一，炮9进1；5.炮一退二，炮5退3；6.炮一进二，炮5进3；和棋。

注释：

①本局如果首招红方走兵三进一，则黑胜。兵三进一（？），炮9进4（！！）；炮五进三，炮9进1；炮五退一，炮5进1；炮一进一，炮5进1；以下红方欠行，黑胜。

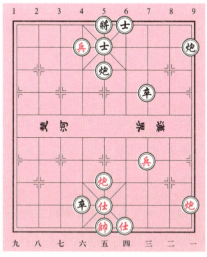

图4-12

第三节　趣味排局——人多势众

本局（图4-13）是载于裴望禹先生著的《少子百局谱》中的图式，笔者认为结论应为和棋。着法并不复杂，是一则趣味排局，展示了几种弱子组合守和单车的实用技巧。

1.车五平六，将4平5；2.车六进五，炮1退1；3.车六平九，炮1平5①；

4.车九进三，士5退4；5.车九退二，炮5退1；6.车九退二②，后卒平2③；

7.车九平六④，炮5进5；8.车六平五，士6进5；9.车五退二，卒2进1；

10.车五平二，将5平6；11.车二进六，将6进1；12.车二退六，将

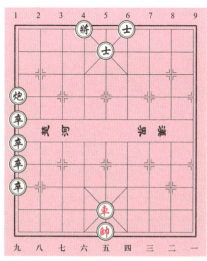

图4-13

6退1；

13.车二平四，将6平5；14.帅五进一，前卒平2；15.帅五退一，前卒平1⑤；和棋。

注释：

①炮1平4；车九进三，炮4退2；车九平八，一卒进1；帅五进一，二卒进1；帅五退一，三卒进1；帅五进一，四卒进1；帅五进一，一卒进1；帅五退一，二卒进1；帅五退一，三卒进1；帅五进一，四卒进1；帅五退一，一卒平2；车八退九，炮4平3；车八进九，炮3平4；帅五进一，前卒进1；帅五退一，中卒进1；帅五进一，后卒进1；帅五退一，前卒平2；车八退九，炮4平3；车八进九，炮3平4；帅五进一，前卒进1；帅五退一，后卒进1；帅五进一，前卒平2；车八退九，炮4平3；车八进九，炮3平4；帅五退一，卒1进1；帅五进一，卒1平2；车八退九，炮4进2；车八进九，炮4退2；帅五退一；至此，黑方欠行，红胜。此变红方揪住黑炮以后，牢牢控制八路纵线，黑方无闲招可走，最终不得不送吃所有卒而欠行负。

②车九平六，三卒平2；帅五平六，炮5平4；车六进一，士6进5；帅六平五，卒2进1；车六平九，前卒平2；车九退三，将5平6；车九平四，将6平5；车四退二；和棋。

③中卒平2（??）；车九退一，卒2平3；车九平七（此时，如果贪吃卒，走车九退二，则黑方炮5进5，以下黑有时间走成炮三士局面，可和），卒3平4；车七平六，卒4平3；帅五平六，炮5进1；车六进五，将5进1；车六退一，将5退1；车六退一，将5进1；帅六平五，炮5进1；车六退一，炮5退1；车六平七，卒3平4；车七进二，将5退1；车七退一，炮5进4；车七平六，士6进5；车六退四；红胜。

④车九退二，炮5进4；车九退一，士6进5；车九平二，将5平6；车二进七，将6进1；车二退五，炮5退3；车二平四，炮5平6；车四平八；成为典型的炮三士守和单车局面，和棋。

⑤前卒平3（??）（画蛇添足，招致失败，应平1和定）；车四平一，将5平6；车一进六，将6进1；车一退七（将6退1；车一平七，将6平5；车七平一，将5平6；车一平四，将6平5；车四进一，黑必丢卒负）卒3平2；车一平四，士5进6；帅五平四，士4进5；车四平一，士5进4；车一进六，将6退1；车一平六，士4退5；车六平五，卒1平2；车五退一，将6进1；车五平四，将6平5；车四退二；红胜。

第四节 江湖排局——花迷蝶梦

本局（图4-14）是笔者搜集于石家庄市街头的一则江湖残局，后来经查证，曾刊载于《蕉竹斋》和《竹香斋》等象棋谱中，是一则较简单的江湖排局。

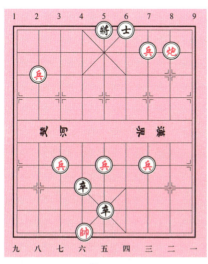

红先和着法：

1. 炮二退七，卒5平4①；2. 帅六平五，后卒平5；3. 兵八平七，士6进5；

4. 前兵三进一②，士5退6③；5. 兵五进一，将5进1；6. 兵五进一，将5平4；

7. 兵五平六，将4平5；8. 兵六平五，将5平4；9. 兵五平六，将4平5④；

10. 兵六平五；和棋。

图4-14

注释：

①此时黑方另有三种变着，结果不同，分述如下：

第一种变着：士6进5（?）；兵五进一［前兵三进一（?），将5平4；兵八平七，将4进1（!）；兵五进一，卒5平4；帅六平五，后卒平5；帅五平四，卒4平5；炮二进四，后卒平6；黑胜］，将5平6；兵五进一，卒5平4；帅六平五，后卒平5；兵五平四，将6平5；兵八平七（前兵三平四，将5平4；兵八平七，卒4平5；帅五平四，后卒平6；黑胜），将5平4；兵七平六，士5进4；兵四平五，士4退5；兵五平六，将4平5；前兵平四，卒4平5；帅五平六，后卒平4；兵七进一，士5进6；兵六平五，将5平4；兵七进一；红胜定。

第二种变着：将5进1（?）；兵五进一［兵八平七，将5平4；前兵平四，士6进5（!）；兵五进一，卒5平4；帅六平五，后卒平5；兵四平五，将4平5；兵五进一，将5平4；兵五平六，将4平5；类同主变结尾形式，和棋］，将5平4；兵五进一，卒5平4；帅六平五，后卒平5；兵五平六，

卒4平5；帅五平六，后卒平4；兵八平七，将4平5；兵六平五，将5平4；兵三平四，士6进5；兵五进一，卒5平4；帅六平五，后卒平5；兵五平六；红胜。

第三种变着：将5平4（!）；兵八平七，将4进1（士6进5；前兵七进一，卒5平4；帅六平五，后卒平5；前兵三进一，将4平5；前兵七平六，卒4平5；帅五平六，后卒平4；兵五进一；红胜定）；前兵平四，士6进5（!）[卒5平4；帅六平五，后卒平5；帅五平四（!），卒4平5；炮二进七，士6进5；炮二平五；红胜定]；兵五进一，卒5平4；帅六平五，后卒平5；兵四平五，将4平5；兵五进一，将5平4；兵五平六，将4平5；兵六平五，将5平4；和棋。

②红方面临盲棋一样的考验，似乎黑棋没有明显的杀着，红方走前兵三平四，防止黑出将助杀较为合理，这是棋艺水平一般的低手所易选择的走法，其实正中了黑的圈套，试演如下：前兵三平四（？），将5平4；前兵平六，士5进4；帅五平四，卒4平5；炮二进八，士4退5；兵四平五，后卒平6；黑胜。此为本局一陷阱。

③将5平4；前兵进一，卒4平5；帅五平四，将4平5；炮二进四，士5进6；炮二平五；红胜定。

④双方为2闲对2闲，均为允许着法，按照现行棋规判作和棋。

第五节 江湖排局——梅雪飘香

本局（图4-15）为笔者从街头棋摊搜集的图式，不知是何人创作、刊载在何刊的作品，现局名由笔者所加。本局暗藏着"带子入朝"式的抽车假象，使低手认为红必胜而上当受骗。其实本局比较简单，末后局势黑方巧借单象，走成精巧和棋。

红先和着法：

1.兵六进一，将5平6；2.兵六平五①，车1平5；3.兵二进一，象5进7；
4.兵六平五，车5进2；5.车一平五，象7退5；6.前兵平三，卒8平7；
7.兵二平三，将6平5②；8.后兵平四（!）③，将5平4；9.兵四平五，象5进7；
10.兵五平六，将4进1；11.兵三平四，象7退5；12.兵六平五，象5进7；
13.兵五平六，象7退5；和棋。

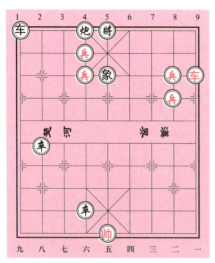

图 4-15

注释：

①车一进二，象5退7；车一平三，将6进1；车三退一，将6退1；前兵六平五，车1平5；黑胜。

②此时形势如果黑方没有中象，则红方要早一步作杀取胜。又如此时，卒7平6（?）；后兵平四，卒6平5；兵四进一，象5退7；兵四进一，将6平5；兵三进一，卒5进1；兵三平四，将5平4；兵四平五；红胜。

③前兵平四，卒7平6；兵三平四

（兵三进一，卒6平5；兵三进一，卒5进1；兵三进一，将5平4；黑胜），卒6平5；兵四平五，象5退7；兵五平六，卒5进1；兵六进一，卒5进1；兵六进一，卒4平5；帅五平六，后卒平4；黑快一步胜。

第六节 江湖排局——五子夺魁

五子夺魁，民间俗称"五鼠闹东京"，是笔者搜集的一则江湖小局，与《心武残编》的"终瑜绝险"相比，红方多一个一路兵，蕴含红胜的假象，其实本局末后虽然红方占优势，但是只要黑方应付得当，巧妙用士解围，仍然可以弈成和棋，着法极为精妙。如图 4-16 所示。

红先和招法：

1. 车三进七，炮5退1；2. 车三平五，将4平5；3. 车五平八①，前卒平5；
4. 帅五平四，将5平4；5. 车八进七，将4进1；6. 车八退五，将4退1；
7. 车八平六，将4平5；8. 车六平七，将5平4；9. 车七进五，将4进1；
10. 车七退六，将4退1；11. 车七进六，将4进1；12. 车七退五，将4退1；
13. 车七平六，将4平5；14. 车六平二，将5平4②；15. 车二进五③，将4进1；
16. 车二退八，卒6进1；17. 兵一平二④，士6退5⑤；18. 兵二平三，士5退6；
19. 兵三平四，将4退1（!）；20. 兵四平五⑥，将4平5⑦；21. 前兵平六，

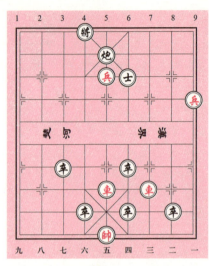

图 4-16

卒6平5；

22.车二进八，后卒平6，23.车二退八⑧；和棋。

注释：

① 兵五平四（？），卒6平5；车五进一，将5平4；黑胜。

② 士6退5；车二进四，士5退6；车二平七，将5平4；车七进一，将4进1；车七退七，将4退1；车七平六，将4平5；车六平四，士6进5；车四进六，士5进6；车四退一，将5平4；兵五进一，卒8平7；车四进一；红胜。

③ 如果不打将就直接平兵，则红方还应该走车二平三等一着才能平兵，否则会输棋，例如，径走车二退三，卒6进1；兵一平二，卒6平5；车二进三，卒4进1；车二平六，将4平5；车六退四，卒5平6；绝杀，黑胜。

④ 兵五平六（？），将4平5；兵六平五，士6退5；车二进八，士5退6；车二退八，士6进5；车二进八，士5退6；车二退八；和棋。

⑤ 卒6平5；车二进三，将4退1；兵五平六，将4平5；车二平五，将5平6；车五退二；得卒红胜。

⑥ 兵四进一，卒6进1；车二平四，卒5平6；帅四进一，将4进1；和棋。

⑦ 卒6平5；车二进八，卒4进1；车二平四，将4进1；前兵平六，将4进1；车二平六；红胜。

⑧ 双方均为一杀一闲，均不能变招，和棋。

第七节 江湖排局——二虎下山

本局（图4-17）刊载于王首成《古今名局赏析》，结论为和棋。但是走棋过程对黑方有利，红方稍一不慎，就会落入黑方的圈套而败北。20世纪90年代初期，笔者曾经看到过江湖棋士摆摊设擂，据说这局棋从来都没有输过，可见这一局棋的奥妙异常，非有深厚的残局功力，短时间内难穷其变。

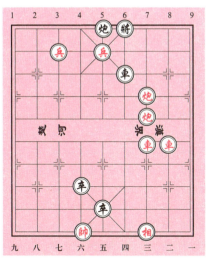

图 4-17

1.前炮平四，车6进1；2.炮三平四，车6平7；3.兵五平四①，将6进1；

4.炮四退四，车5平4②；5.帅六平五，后车平5③；6.帅五平四，车5进1④；

7.车三平四⑤，将6平5；8.兵七平六⑥，将5平4；9.相三进一⑦，车4进1⑧；

10.车四进四⑨（!!），将4进1；11.车二平六，将4平5；12.车六退四，车7进5；

13.车六平八，炮5平4；14.车四退二，炮4平5；15.车八平七，炮5平8；

16.车四平五，将5平6；17.车五退五，炮8进8；18.炮四进三，车7平5；

19.车七进七，将6退1；20.车七平二；和棋。

注释：

①兵五进一（??）（棋力较低的挑战者认为的解围妙招，殊不知已经落入棋摊主布下的陷阱），将6平5；车三平五，将5平6；车五退三，车4进1；车五平六，车7进6；黑胜。此变是本局的第一个陷阱。

②将6平5（??），兵七平六；将5平4，车三进二；红胜。

③前车平5（!!）；帅五平四（??）（致败之源，应帅五平六，车5平4，帅六平五，局势还原，黑方不能单方面常将，否则立即判负。以下同主变招法，可和），车5平6；帅四平五，车6平5；帅五进一，车7平5；车三平五，车5进2；相三进五，车5进2；黑胜。棋摊主就是利用棋谱书里没有阐释的变化，使挑战者由于时间紧张，思考不周到，其浑水摸鱼侥幸取胜。此变是此局的第二个陷阱。

④车4平5；车三平四，将6平5；炮四平三（主变招法中，红方打将后应该先飞相，分炮则败，而此变红应先分炮，飞相则败，以下招法为：相三进一，车7平4；绝杀无解，黑胜），后车平6；兵七平六（车四平五，

炮5进5；车二平五，将5平6；车五退三，车7平1；炮三平四，卒6平7；兵七平六，卒7进1；车五进七，将6进1；帅四平五，车1进6；帅五进一，卒7平6；帅五平六，车1平7；车五退四；和棋），将5平4；车四进四，将4进1；车二进三，炮5进2；车四退六，车7平4；车二平五，将4平5；车四平五，将5平4；车五退一，车4进6；帅四进一，车4平7；帅四进一，车7平8；车五平九，将4平5；帅四退一，车8退1；车九进六，将5退1；车九进一，将5进1；车九平三，车8退5；和。由此变可以看出，黑方走卒4平5的变化，相比于卒5进1，红方谋和更为容易。但是平卒和进卒的变化中，红方飞相或者平炮的次序不同，如果黑方这么走，等红方掌握了此变正确的走子顺序后，再走主变的招法，就可以多赢一局。先走卒4平5，诱使挑战者走相三进一，此变是此局的第三个陷阱。

⑤炮四进二（??），卒4进1；车三平四，将6平5；车四平五，炮5进5；车二平五，将5平6；车五平四，将6平5；兵七平六，将5进1；车四平五，将5平6；车五退三，车7进6；帅四进一，车7退1；帅四进一，车7平5，黑胜。此变是此局的第四个陷阱。

⑥献兵打将不可少，否则直接走炮四平三，立负。炮四平三（??），卒5进1；帅四进一，车7进5；帅四进一，车7退1；帅四退一，卒4平5；连将杀，黑胜。此变是此局的第五个陷阱。

⑦炮四平三（??），车7进5；相三进一，卒4进1；车四进四，将4进1；车四退一，将4退1；车二平六，将4平5；车四进一，将5进1；车六退四，车7平8；车六进七，将5平4；车四退一，将4退1；车四平六，将4进1；相一进三，车8进1；绝杀无解，黑胜。

或车四进四（??），将4进1；相三进一，卒5进1；帅四平五，卒4平5；帅五平四，车7平4；车四退一，将4退1；车二进四，炮5进1；车二平五，将4平5；车四平五，将5平1；炮四进八，车4进6；绝杀无解，黑胜。此变是此局的第六个陷阱。

⑧车7平2（??）；车四平六，将4平5；炮四平六，车2平6；车二平四，炮5平6；车六平五，将5平4；车五退三，车6进2；帅四平五，炮6进2；车五进四，车6平2；车五平六，炮6平4；炮六进六，车2平5；帅五平六，将4平5；炮六平八，车5进4；以下成为车炮有相必胜单车占中无士象的局面，红胜；

或卒5进1；帅四平五，卒4平5；帅五平四，车7平1；车四进四，将4进1；车二平六，将4平5；车六退四，车1平5；炮四进一，卒5进

1；车六平五，车5进6；帅四进一；和棋。

⑨车四平六（??），将4平5；车二平五，炮5进5；车六平五，将5平6；车五退三，车7平8；相一退三，车8进6；绝杀，黑胜。此变是此局的第七个陷阱。

本局结语：纵观此局，具有红方好走易胜的假象。其实陷阱丛生，变化较多，黑方有利，红方不利，红方稍有不慎就要败局。假设每个陷阱，挑战者能够走棋正确的可能性为50%，则挑战者顺利逃过7个陷阱的可能性仅为1/128，所以说只要有人和摊主下本局，摊主就几乎稳操胜券，这可一点都不夸张。

第八节 江湖排局——柳絮漫天

本局（图4-18）原载于《会珍阁象棋谱》，该局的结论存在较多争议。例如，陈松顺《江湖棋局搜秘》诠为黑胜，杨明忠《象棋古谱残局诠证大全》也诠为黑胜，朱鹤洲《江湖排局集成》订正为和棋，陈广仁《江湖流行残棋解秘》也认为是和棋。

这局棋终归属于黑方有利，如果红走劣招，黑方也要很多着法才能够走胜。并且多次涉及棋规问题，不好掌握，如一将一杀、单方面常捉等，容易产生纠纷。但是因为本局对黑方有利，还是成为了街头棋摊的制胜法宝。

本局主变是演示车马炮大战车炮兵的残局，黑方主要危害是卒，如果此卒被消灭，则红方后顾无忧。

笔者认为，本局正确结论应该是个和棋，以下结合众家之长，参考网站上的分析，以及笔者的研究心得介绍如下。

1. 炮四平五①，将5平4②；2. 炮五退三，车2进9③；3. 马四退五，车2退1④；

4. 炮五平七，炮3平1；5. 车二平九，炮1进3；6. 车九退六⑤，象5退7⑥；

7. 相五退七（!!）⑦，炮1平3；8. 马五进六，炮3退1；9. 帅四平五，车2平3；

10. 车九进二，炮3退6；11. 车九平六，炮3平4；12. 车六平七，车3退3；

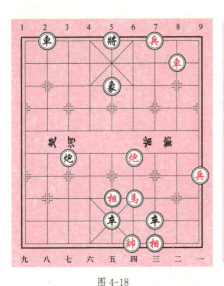

图 4-18

13.马六进七，象7进9；14.马七进五，炮4平9；15.马五退三；和棋。

注释：

① 兵三平四（??），将5平4；兵四平五，将4平5；车二进一，象5退7；车二平三，将5进1；车三平八，炮3进1；炮四退一，炮3平5；相五退七，炮5平9；相三进一，卒7平6；炮四退二，卒5进1；这是本局的第一个陷阱，表面上红方得车后红方胜定，实际上是黑方胜定。

② 象5退7；炮五退三，将5平6；以下变化较为复杂，红方应付得当也是和棋。

③ 车2进8；马四进二，车2平5；马二退三，车5平7；相五进七，车7进1；帅四进一，车7退9；此变可以速和。

④ 炮3平4（?!）（这是杨明忠先生认为可以黑胜的招法，笔者认为可以谋和）；炮五平六，炮4平1；车二退四，炮1进3；车二平六，将4平5；兵三平四（炮六进二，象5退7；炮六退三，车2退1；车六平五，将5平4；马五进六，车2平4；车五平六，将4平5；炮六平五，象7进5；相五进三，象5退3；车六平九，将5平4；车九平六，将4平5；车六平九；相互牵制和棋），将5进1；炮六进二，象5退7；车六平五，将5平4；相五退七，车2退1；马五进七，炮1进1；炮六退三，车2平3；帅四平五，象7进5；车五平六，将4平5；炮六平九，车3进1；帅五进一，车3平1；车六平五，车1退1；帅五进一，车1退1；帅五退一，车1平6；车五进三，将5平6；车五退三，将6退1；成为红方车相守和车低卒的典型和棋。

⑤ 车九退四，象5退7；相三进一，炮1平3；车九平六，将4平5；车六退三，炮3进1；马五进七，炮3平1；车六平三，车2进1；马七退五，象7进5；车三平五，将5进1；相一进三，车2平4；帅四进一，炮1平5；帅四退一，炮5退2；车五退一，车4平5；帅四平五；和棋。

⑥ 车2退3；车九退一，车2平6；马五进四，车6进2；帅四平五，卒7平6；车九进八，将4进1；车九退七，将4平5；兵三平四，将5平6；

炮七退一，将6退1；车九平六，象5退3；车六退一，车6平5；帅五平六，车5平6；炮七进一，卒6进1；车六进八，将6进1；车六退一，将6进1；车六退三，卒6平7；车六进四，将6退1；车六平七，车6平4；帅六平五，车4平5；帅五平六，车5退1；车七退一，将6退1；兵一进一，将6平5；车七平六，车5平3；炮七平五，车3进3；帅六进一，车3平5；炮五进七，车5退5；和棋，此变黑方艰难谋和，不足取也。

或炮1平3；车九平六，将4平5；车六退一，炮3进1；马五进七，炮3平1；兵三平四，将5进1；车六平三，车2进1；相五退七，车2平3；马七退五，象5进7；车三平五，象7退5；兵一进一，炮1平5；车五退一，车3退4；车五进六，车3平9；帅四平五；和棋。

⑦车九平六（?!），将4平5；车六退一（??），炮1进1；马五进四，车2进1；炮七退一（马四退五，卒7进1；帅四进一，炮1退1；红车被打死，黑胜），车2平3；马四退五，车3退3；马五进四，将5平6；帅四平五，卒7平6；车六平四，车3进3；帅五进一，车3退1；帅五退一，车3平6；黑胜。

第五章 常见布局简介

开局又叫布局,是一盘棋的开始阶段,是整盘棋的基础。就像盖楼前打地基,没有坚固的地基,盖出来的楼也不可能坚固。一盘棋通常分为开局、中局、残局,但其之间并没有一定的界限和具体规定。

完整的一局棋就像一根中间松散的麻绳,开头和结尾紧凑有序,但中间有很多分支,而且缠绕在一起扭曲着,剪不断理还乱。下面就来介绍一下布局。

第一节 顺炮

顺炮,又称顺手炮,在开局阶段红炮二平五,黑炮 8 平 5 形成顺炮。中国象棋布局较早成为系统而且流行的布局阵势。其主要特点是:战略积极多变、招法针锋相对,开局未几往往形成激烈对杀的场面,所以易被攻击型棋手选择使用。

早期,顺炮布局主要有两类:(1)直车对横车;(2)横车对直车。随着象棋的发展,到了 70 年代中期,相继出现了直车对缓开车和先手缓开车新局型,双方攻守变招也更丰富多彩,各种新阵势层出不穷,大大丰富了顺炮布局体系的攻防内容。

棋例 1: 弃马十三招

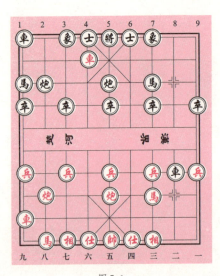

图 5-1

布局:顺炮横车对直车(图 5-1)

此局蕴含最著名的象棋布局陷阱,又名"顺炮横车破直车弃马局"或"顺炮横车破直车弃马招法",是明代东海朱晋桢所辑象棋书谱《橘中秘》的第一编第一局,又称舍马十三招、弃马十三杀,它是《橘中秘》的招牌棋局。本局对棋手提升象棋水平有较大帮助,下面首先介绍此局。

1. 炮二平五,炮 8 平 5;2. 车一进一,马 8 进 7;3. 车一平六,车 9 平 8;

4. 马二进三,车 8 进 6[①];5. 车六进七[②],马 2 进 1[③];6. 车九进一(!)[④],炮 2 进 7;

7. 炮八进五[⑤],马 7 退 8[⑥];8. 炮五进四,士 6 进 5[⑦];9. 车九平六,将 5 平 6;

10. 前车进一，士5退4⑧；11. 车六平四，炮5平6；12. 车四进六，将6平5；13. 炮八平五。

注释：

①至此形成顺炮横车对直车阵势，黑方急进过河车是老变化，其缺点是右翼子力出动缓慢，易受攻击，所以现代棋手们将此招改为车8进4巡河，固守待变，伺机反击。

②急行军，平稳着法是兵七进一，黑如车8平7，则马八进七（那黑岂不是白吃马了吗？且慢，如黑车7进1，则炮五进四，马7进5，炮八平三，马5进6，炮三平五，红马炮换车占优），士4进5（要杀马了），马七进六，红子力灵活占优。

③如果这时黑改走马2进3呢？车六平七，炮2进2（就这么弃马于死地而不顾吗？非也，车七退一，炮2平3，抛砖引玉，红必丢一车），兵七进一，马7退5，至此黑有炮2平6和车8平7等多种反击手段。

④这是整个陷阱中最关键最有趣的一步，黑方草率吃马则正中红方圈套。

⑤见缝插针，开展攻势。

⑥如果走车8退7呢？车六平三，可怜的黑马，但黑方肯定不愿把到嘴的鸭子再吐出来吧。

⑦士4进5，车九平六，黑速败。

⑧既然士5退4会败，那将6进1呢？我们来走走看：将6进1，车六退一，炮5平6，炮八平五，将6退1，炮五平四，炮6平7，前车平五，象3进5，车六平四，炮2退7，炮四进一，黑还是无力回天。

棋例2：广东碧桂园 许银川 VS 杭州环境集团 赵金成

赛事：2016年天天象棋全国象棋甲级联赛

布局：顺炮直车对横车 红两头蛇对黑双横车（图5-2）

1. 炮二平五，炮8平5；2. 马二进三，马8进7①；3. 车一平二，车9进1②；
4. 马八进七，车9平4；5. 兵三进一，马2进3③；6. 兵七进一④，车1进1⑤；
7. 相七进九⑥，卒1进1⑦；8. 仕六进五，卒1进1；9. 兵九进一，车1进4；
10. 车二进五，炮2平1；11. 炮八退一，车4平1⑧；12. 车九平六，炮1进5；
13. 炮八平九，炮1平5；14. 相三进五，后车平6⑨；

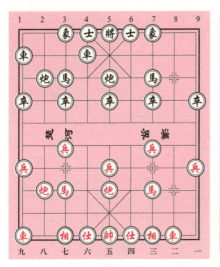

图 5-2

注释：

①针锋相对，正面硬刚。

②形成顺炮直车对横车的基本结构，此局和弃马十三招顺序不一样，弃马十三招是顺炮横车对直车，不过笔者感觉还是直车攻击性较猛。

③跳正马加强对战场中心区域的争夺，双方就像冷战时期美苏的军备竞赛，拼命地聚集自己的军事力量。如果改走卒3进1也未尝不可，双方三七兵卒可相互制约。

④再进一兵加强压制，此时屏风马前两兵全挺起来，而且两兵下边的两匹马进退无阻都很灵活。

⑤此时黑4路车为何不趁机突进，压马或巡河兑兵呢？若车4进5，相七进九，车4平3，车九平七，车1进1，马三进四，黑车受困而且影响出子速度。如果车4进3，则马三进四，车4平6，炮八进二，红后有炮五平四打车，黑车没什么好位置可走，与其失先，不如从后方巩固一下后援，静观其变。

⑥红左马是目前最薄弱易受打击的一点，相七进九给车让路，红亦可走仕六进五加强防守，守株待兔，后发制人，或马三进四抢攻，控制战局前沿。

⑦见缝插针，对方不守边兵那就从此处攻。

⑧冷战僵持中黑找到战局突破口，军备力量得以发挥，黑聚集右翼主要火力，前赴后继，猛攻红方一点，边相势在必得。

⑨经过第一轮交锋，红亏一相，但子力较为活跃，双方互有优劣。

本局后续棋谱：

15.兵七进一，卒7进1；16.车二平三，马7进6；17.兵七进一，马3进1；
18.炮九平七，马6进7；19.马七进六，士4进5；20.车三平四，车6进3；
21.马六进四，马7进5；22.车六进二，车1进4；23.仕五退六，车1退1；
24.车六平五，车1平3；25.马四进五，象7进5；26.兵七平六，车3退5；
27.兵五进一，马1进3；28.兵六平五，马3进5；29.兵五进一，象3进5。

第二节 列炮

列（手）炮也称"逆手炮"，双方第一着都走中炮，而两炮方向不同，故名。如炮二平五，炮2平5。列炮可分为大列手炮和小列手炮，大列手炮容易下出对称局势。

列炮是比较古老的布局体系，目前随着布局的不断发展进步，其局限性慢慢地显现了出来，在实战中的运用逐渐减少，笔者认为大手列炮是比较吃亏的。

棋例：大列手炮局（选自《橘中秘全局谱》）（图5-3）

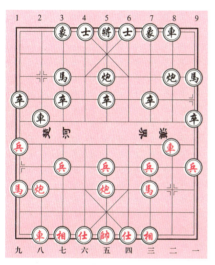

1. 炮二平五，炮2平5①；2. 马二进三，马8进9②；3. 车一平二，车9平8；
4. 马八进九，马2进3；5. 车九平八，车1平2；6. 兵九进一，卒9进1；
7. 车二进四，车2进4；8. 马九进八，车2平6；9. 车二平六，马9进8③；
10. 马八进六（!）④，卒3进1；11. 马六进七，炮8平3；12. 炮八进七，士6进5；
13. 炮五进四，将5平6；14. 车八进八，车8进1；15. 车八平五，车8平5；

图5-3

16. 车六进五，车5退1；17. 车六平五，将6进1；18. 车五平四。

注释：

①黑紧随红方步伐，红方走什么黑方就走什么。

②这里如改走马8进7，则车一平二，车9平8，形成小列手炮局面。

③一直到这里双方的阵型还是完全一样，虽然黑方总是慢一拍，但大有"咬住青山不放松"的架势，难道要一直这样下去直到和棋吗？

④到这步红方一出招，黑方很尴尬地发现这步没法跟了，马8进6，马六退八，白送一子。那进卒吓唬一下红方吧，可红方换掉黑3路马，连续进攻，黑难以招架，总比对方慢一步，当有一步跟不上那就只能被动挨打了。

（注：小列手炮稍微有些还手之力，但仍有缺陷，不再赘述）

第三节 中炮对屏风马

中炮对屏风马是使用率最高的主流布局，其内容丰富，变着繁多，发展迅速。这一经典布局萌芽于明朝，兴盛于清朝，自王再越著《梅花谱》至今三百余年长盛不衰，逐渐形成了十分繁庞复杂的布局体系，深受广大高水平棋手厚爱。

中炮对屏风马布局的特点是：锋芒内敛，弹性十足，立足防御，反击犀利，不管炮方如何进攻，马方都可以找到御敌之策，充分体现了以柔克刚的战略思想。马炮争雄三百年，自然好戏连台，其经典对局也数不胜数，引人入胜。

棋例：南方队 许银川 胜 北方队 王天一

赛事：2016年第二届吉视传媒·净月杯象棋全国冠军南北对抗赛

布局：中炮过河车互进七兵对屏风马平炮兑车 红进中兵对黑退边炮（图5-4）

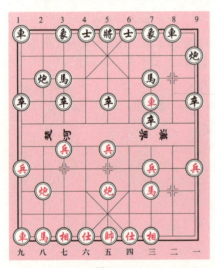

1.炮二平五，马8进7；2.马二进三，车9平8；3.车一平二，马2进3①；

4.兵七进一，卒7进1；5.车二进六，炮8平9；6.车二平三②，炮9退1③；

7.兵五进一（!）④，士4进5；8.兵五进一⑤，炮9平7；9.车三平四，卒7进1⑥；

10.马三进五，卒7进1；11.马五进六，马3退4；12.兵五进一，马7进8；

13.车四退四⑦，炮7进8；14.仕四进五，马8进9⑧。

图5-4

注释：

①跳马形成屏风马，两匹马保护中卒，状如屏风，并与两炮相互呼应，易守难攻。如果此时改走炮8进4封车，则兵三进一，因为黑方中路空虚，若炮8平7，则车二进九，炮7进2，仕四进五，马7退8，炮五进四，黑得一相但失空头，得不偿失。

②战略性转移，刚提一步就兑掉它岂不是很可惜？平车压马还可以暂时牵制黑方。

③黑方伺机以炮赶走红车。

④富贵险中求，急进中兵，但这么走中兵不就脱离马的保护了吗？其实这是一种比较激进的走法，追求快攻，如果黑棋应对不当，配合后续支援的马，红中兵可能会直接过河甚至冲破黑棋屏风马的坚固防御。求稳的话这步可以走马八进七，则炮9平7，车三平四，士4进5，双方均势。

⑤黑已经士4进5守了，此时进兵不是白送吗？若卒5进1，马三进五，黑无力守中卒，后有红炮吃卒站稳中路，或形成铁门闩形式，于黑方不利。

⑥到了精彩刺激之处，两对兵卒对峙，此时黑方屏风马守中卒，红肯定不会拱过去，兵三进一（？），则黑卒5进1，红若马三进五，则马7进8，车四平三，马8退9，车三退一，象3进5，红丢底相，还是把马跳出来稳妥一些。

⑦红方为何不走车四平三？既守住了底相，又躲开了马脚，还反抓黑炮。车四平三（？），则炮2平7（!）；马六进八，马4进3；车九进一，马3退1；车九平二，卒7平8；车二进二，马1进2；车三进一（？），马8退7；车二进六，炮7进8；仕四进五，马7退8；红中连环计少一车，败局已定。

⑧至此，黑左翼车马炮卒威力无穷，红中炮车马兵后劲十足，双方互攻，各有顾忌。

本局后续棋谱：

15. 兵五平六，马4进5；16. 马六进四，炮7退2；17. 车四退二，炮7平2；
18. 兵六进一，车1进1；19. 车九进二，前炮退4；20. 马四进三，将5平4；
21. 炮五平六，马5进4；22. 炮六退一，马9进7；23. 兵六平七，马4退6；
24. 车九平六，车1平4；25. 马三退四。

第四节 中炮对反宫马

中炮对反宫马这一布局于20世纪60年代兴起，80年代普遍流行。近十多年来经过特级大师们的精心研究，推陈出新，使古朴的反宫马布局重放异彩，更添盎然生机。

中炮对反宫马源于中炮对屏风马，因其两马之间夹一炮，又称"夹炮屏风"或"半壁河山"。中炮对反宫马的布局主要有三种，分别是：(1)炮二平五，马2进3；(2)马二进三，炮8平6；(3)车一平二（或兵三进一、车一进一），马8进7。中炮对反宫马布局极具反弹力，采用的是后发制人的策略。

棋例：山西省 周军 负 北京威凯建设队 蒋川

赛事：2017年玉祁酒业杯全国象棋团体赛
布局：五六炮左边马对反宫马（图5-5）

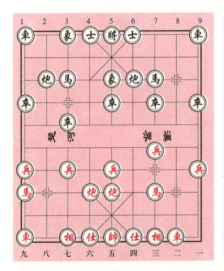

图5-5

1. 炮二平五，马2进3；2. 马二进三，炮8平6；3. 车一平二，马8进7；
4. 兵三进一①，卒3进1②；5. 马八进九③，象7进5；6. 炮八平六，车1平2；
7. 车九平八，士6进5④；8. 车八进六，炮6进1⑤；9. 炮六进四⑥，车9平6；
10. 炮六平四，车6进3；11. 炮五平六⑦，炮2平1；12. 车八进三，马3退2；
13. 车二进六，卒1进1⑧；14. 相三进五，炮1进1；15. 车二进一，马7退6⑨；

注释：
①红方抢进三兵，其目的是压制黑方进马从而形成"肋炮盘河马"的理想阵型，如果是黑方先走卒7进1，后有马7进6，即使遭遇围城，也是易守难攻。
②黑方对挺3卒，此消彼长。
③兵贵神速，若马八进七，正马肯定比边马力大，为什么主动放弃更好的行军路线呢？其实马八进七，则炮6进5，红马"出师未捷身先死"。
④这里似乎炮2进4封车更强硬一些，也可以限制红方出车，士6进5加固防御也未尝不可，静观其变。
⑤红挺过河车，意在压制黑3路马，马3进4跳出去不行吗？马3进4，则车八平六，黑马无路可走，只得炮2进2，炮五进四，炮6退2，炮五平九，红轻松盘剥俩小卒。虽说兵卒分量和其他子力不可同日而语，但小卒过河顶大车呢，在水平接近的情况下，残局的较量就在这一兵一卒。那这里为什么不平炮邀兑？炮2平1，车八进三，马3退2，炮五进四，黑丢中兵。
⑥这条线这么重要，当然不惜增员。
⑦车八平七是不是抓死马了呢？若车八平七，则炮2进5，马三进二，

车2进2，黑能守，那就不如炮五平六留出相位防守。

⑧应对之策，防止红强过三路兵，若兵三进一，则炮1进1，炮六进四，卒5进1，车二平三，车6平7，兵三进一，炮1平7，将红方"短腿车"扼杀在摇篮里。

⑨红黑双方均未对对方产生实质上的打击和压制，双方均势。

本局后续棋谱：

16. 炮六平七，车6进1；17. 兵七进一，卒3进1；18. 相五进七，马2进1；
19. 车二退四，炮1进3；20. 兵五进一，卒1进1；21. 相七退五，马1进2；
22. 仕四进五，卒7进1；23. 兵三进一，车6平7；24. 马三退四，马2退4；
25. 车二进一，马6进7；26. 兵五进一，卒5进1；27. 车二平九，车7进2；
28. 车九平三，马7进6；29. 车三退一，马6进7；30. 马九进七，马7退8；
31. 兵一进一，马8进7；32. 马四进三，炮1进3；33. 炮七平九，马4进6；
34. 马三进一，卒5进1；35. 炮九进一，卒5平4；36. 马一进三，马7退9；
37. 马三进五，马9进7；38. 相五进三，马7进6；39. 马七进八，象5进3；
40. 炮九进二，象3进5；41. 炮九进四，象5退3；42. 马八进九，炮1平2；
43. 马九进七，将5平6；44. 马七退六，前马退5；45. 炮九退七，马5退7；
46. 马六退四，马7退5；47. 马四进三，将6平5；48. 马三退一，马5进4；
49. 炮九平七，象3进5；50. 马一退二，马4进2；51. 马二进四，马2进3；
52. 炮七退一，卒4进1；53. 马四进六，将5平6；54. 仕五进四，士5进6；
55. 马六进四，士4进5；56. 马四退五，卒4进1；57. 炮七平四，将6平5；
58. 帅五进一，炮2平4；59. 炮四退一，炮4退1；60. 帅五退一，马3退2；
61. 仕四退五，卒4平5；62. 炮四进六，炮4平1；63. 炮四平五，炮1进4；
64. 马五退四，马2进3。

第五节 飞相局

飞相局，是太极式的布局，比的是内家功力。在先手布局中，数中炮最刚，飞相最柔，好比武功里的少林、武当（注：在后手布局中，则以斗炮最刚，屏风马最柔）。飞相局走得好，执先手而能后发制人。先手一步飞相，然后从第二步开始，就处处以对手应着为应着，虽步步后应，却因飞相在先，而着着先机，行棋全然随对方动而动、变而变、应而应，子如行云流水，阵似斗转星移，形名飞相，谓之象局，实乃太极——推手也。

80年代以来，在以胡荣华为代表的象棋精英们的努力发掘下，飞相局的研究得以深入发展，从本质上根除了飞相局只是消极防守的错误观念，其寓攻于守的战略思想颇得名家推崇。时至今日，飞相局已自成体系，并日臻完善，是当前最流行的布局之一。

棋例：内蒙古 洪智 胜 四川 郑惟桐

赛事：2016年第05届碧桂园杯全国象棋冠军邀请赛

布局：飞相对左士角炮（图5-6）

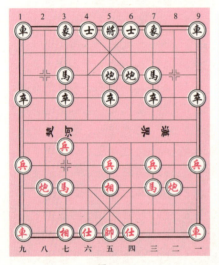

图5-6

1. 相三进五①，炮8平6；2. 马二进三，马8进7；3. 兵七进一②，炮2平5；
4. 马八进七③，马2进3④；5. 马七进六，车1平2；6. 炮八平七⑤，车2进4；
7. 车九进一，士4进5⑥；8. 车九平四，卒3进1；9. 兵七进一，车2平3；
10. 车一平二，卒7进1；11. 炮二进四，马3进4；12. 炮七平六⑦，炮5平4；
13. 马六退八，车3退2⑧；14. 炮六进五，车3平4；15. 炮二平九，车4平1；
16. 炮九退二，炮6平4⑨。

注释：

①稳健型开局，先巩固阵地，再伺机反击。飞相局曾是胡荣华的镇山宝，其用此局杀败过许多弈林好手，他说"飞相十八应"，说明了此局应法之多。因为飞相没有对黑方构成任何直接威胁，所以除常见的左中炮、过宫炮、士角炮外，至少还有十几种可行的应法，甚至挺中卒都是不违棋理的。

②红不出车抢进七兵，意在左翼对黑方造成压制，而进兵后为马开路，红左翼更加灵活，同时黑未出车对红右翼造成威胁，进兵合理。

③屏风马一般后手走的多，二马守中兵，遥相呼应，但红先手屏风马也未尝不可，形成堂堂正正之势。

④车为象棋中威力最大的子力，既然讲究兵贵神速，那理应尽快出车才对，

但至此双方都未出车，均采取散手布局，散手布局虽然也有定式，但往往选择空间较大，未开发的走法也相对较多，更重要的是走错一步不能立刻带来严重后果，较考验中残，留给棋手发挥的余地较大，比赛中可能是双方都尽量不走的谱招，以避免消极和棋。

⑤如改走炮八平六，形成肋炮巡河车也很稳固。

⑥这里直接车2平4，马六退四，车4平6，马四退三，红马被压回了老家，看似黑棋形势大好。车2平4，则车九平四，士4进5，车四进三，炮5平6把马打回去，则炮七平六，后伏有炮六进五，黑丢子失势，阵型大乱，呈辙乱旗靡溃败之势。

⑦解围招法，黑马3进4后伏有炮5平4，红丢子。

⑧若车3进2抓马，则炮六进五，黑难以招架。

⑨至此，红双车位置较好，子力较为活跃，而黑呈肋炮盘河马的防守之势，坚不可摧，鹿死谁手还未可知。

本局后续棋谱：

17. 炮九平一，象7进9；18. 马八进七，炮4平5；19. 马七退九，车1进2；
20. 仕四进五，炮5平4；21. 车二进六，象3进5；22. 兵五进一，卒9进1；
23. 炮一平二，象9退7；24. 炮二退四，车1平2；25. 车四进二，车2进1；
26. 兵五进一，卒5进1；27. 车二平六，车2退1；28. 马三进五，卒5进1；
29. 马五进七，车9平8；30. 炮二平四，卒5进1；31. 车四进五，车8进5；
32. 兵三进一，卒7进1；33. 炮四平三，车8进4；34. 仕五退四，卒5进1；
35. 相七进五，车8退2；36. 相五进三，车8平7；37. 相三退一，炮4平3；
38. 炮三进七，炮3平7；39. 车四退三，车7平5；40. 仕四进五，车5平9；
41. 车六平三，炮7平8；42. 马七进六，车9进2； 43. 仕五退四，炮8进7；
44. 车三退六，车2平1；45. 马六进七，将5平4；46. 马七退八，车9退3；
47. 马八退六，将4平5；48. 马六进五，车1平6；49. 马五退四，车9平1；
50. 马九进八，车1平8；51. 帅五进一，将5平2；52. 车三进九，车8平4；
53. 车三退五，炮8退8；54. 车三平七，炮8平6；55. 车七进五，将4进1；
56. 马八退七，车4进2；57. 帅五进一，车4退6；58. 马七进九 。

第六节 仙人指路

第一步走兵三进一或兵七进一。因一子当先，意向莫测，有试探对方棋路的意图，故得此名。仙人指路是一种刚柔相济的布局，后手方的应对方法很多，如跳右马，其中最凶悍的是卒底炮，即"兵七进一，炮2平3"。"仙人指路对卒底炮"已成为当今棋坛最流行的布局之一。仙人指路也称进兵局。

棋例：厦门海翼 郑一泓 负 广东碧桂园 许银川

赛事：2015年腾讯棋牌全国象棋甲级联赛
布局：仙人指路对卒底炮（图5-7）

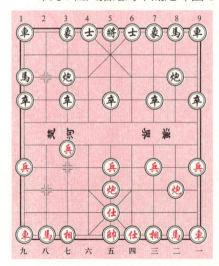

图 5-7

1. 兵七进一①，炮2平3②；2. 仕六进五，马2进1；3. 炮八平五③，马8进7；4. 马八进七，车1平2；5. 马七进六④，象7进5；6. 马六进五，马7进5；7. 炮五进四，士6进5⑤；8. 炮二平六⑥，车9平8；9. 马二进三，炮8平7；10. 兵九进一，车2进4；11. 相七进五，卒3进1⑦；12. 兵七进一，车2平3；13. 炮五平一⑧，卒7进1；14. 车九进三⑨，车8进3。

注释：
①投石问路，把先手让给对方，为己方马开路的同时，试探对方棋路，并以此为根据，后发制人。
②对仙人指路最有力最强硬的回应，除此之外还有卒7进1（对兵局，柔性布局，双方互相试探，得失微妙）、象3进5（以静制动，随机应变）、马8进7等回应方式。
③黑方炮2平3时已经无法再使用屏风马防御，此时架中炮意在先发制人，这种攻法节奏鲜明，深受玩家青睐。

④急进马,打法激进,后伏有马六进五,马7进5,炮五进四打"空头",而空头炮威力无穷,配合其他子力可构成多种多样的攻势,且对方有士象阻碍将的走位,稍有不慎很容易受到致命打击,空头炮的存在使原本起防御作用的士象成了累赘。

⑤两边的士走哪个不一样吗?我们来看看士4进5和士6进5有什么区别,若士4进5,士象各守一边,看似和谐,但红相七进五,后有平车至将等一系列手段或形成"铁门闩"杀势,而黑3路象无法动弹,将位又被封锁,形势不利。

⑥为右翼子力出动提供空间,同时可以在马二进三后进中象形成防守之势。

⑦中炮铁门闩那么厉害,为什么不趁现在红方后援不济车2平5把他赶跑呢?原来,车2平5后,红可炮五平九,后伏兵九进一,转战侧翼,步步为营。

⑧看来中路是待不住了,还是吃个卒吧。

⑨欲守三兵,但中间还隔着一个中兵,若炮7进4,则兵五进一,车3退1,车九平三,车3平9,兵一进一,红三个兵逼近河界,稍占优势。至此,黑方子力活跃,红方多兵且有车一平二邀兑等制约手段,双方各有顾忌。

本局后续棋谱:

15.炮一退二,马1进3;16.车一平二,车8进6;17.马三退二,炮3平1;
18.兵五进一,卒1进1;19.车九平四,炮1进3;20.炮一平九,卒1进1;
21.马二进一,卒1平2;22.兵一进一,马3进1;23.马一退二,卒7进1;
24.兵三进一,马1进2;25.帅五平六,象5退7;26.马二进三,炮7平1;
27.马三退五,炮1进7;28.相五进七,车3平4;29.车四平七,炮1退3;
30.车七退一,炮1退3;31.车七进一,炮1进3;32.车七退一,炮1退3;
33.车七进一,炮1进3;34.车七退一,炮1退1;35.帅六平五,象7进5;
36.相三进五,炮1退2;37.车七进一,炮1平7;38.车七平二,马2进3;
39.帅五平六,象5退7;40.车二进二,炮3平5;41.炮六退一,象3进5;
42.相七退九,马3退1;43.车二退二,炮5平4;44.车二平九,马1进2;
45.帅六平五,马2退4;46.马五进三,车4平3。

第七节 过宫炮

过宫炮是首着走炮二平六或炮八平四，因经过帅的中宫安于士角而得名，以区别于士角炮。又因双炮集结于一侧，在四川一带又称为"偏锋炮"。这种布局子力配合紧密，有利于上马出车，迅速开动主力，攻守兼宜。后手过宫炮，常用于应付飞相局、仙人指路等开局。过宫炮阵型的优点是集中火力于一翼，子力结构良好；但若运用不当，会造成自相拥塞。

过宫炮是一个古老的布局，历来古谱对过宫炮均有专题分析。新中国成立后，经过一些象棋名手的精心钻研，去伪存真，否定了《梅花谱》关于"过宫炮受制于当头炮"的观点，使这一布局为广大棋手所接受。

棋例：广东碧桂园 许银川 胜 武汉光谷湖北象棋 王兴业

赛事：2016年天天象棋全国象棋甲级联赛

布局：过宫炮局（图5-8）

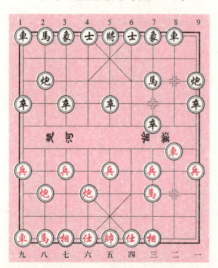

图 5-8

1.炮二平六，卒7进1①；2.马二进三，马8进7；3.车一平二②，车9平8；
4.车二进四，炮8平9③；5.车二平四，车8进8④；6.马八进七⑤，马7进8；
7.兵七进一，炮2平7；8.炮八进六⑥，车1进2；9.车九平八，车1平6⑦；
10.车四进三，炮9平6；11.相七进五⑧，炮7进4；12.仕四进五，炮6进6；
13.炮八退七，炮6平2；14.车八进一，马2进1⑨。

注释：

①理论上，过宫炮会使红方大子调动缓慢，以及中路空虚易受攻击，但其运用得当则会在攻守上均有一定的威力，此时黑完全可以炮8平5架中炮

威胁红方中路，迫使其马二进三守中兵，这是一种久盛不衰的积极战法。而卒7进1可在给马开路的同时压制红马，中路没有受到威胁，以静制动，走什么都问题不大。

②先手当然要抢先出车，顺便牵制黑7路马，使其暂时不敢前进。

③平炮邀兑，因为红棋没有对黑中卒造成任何威胁，若车二进九，则马7退8，黑左翼畅通后有马2进3、马3进4等进攻手段，红鞭长莫及。

④孤军深入，后伏有车8平2的强手。

⑤"明知山有虎，偏向虎山行"，若黑车7平3，则马三退五封住黑车，求稳的话可改走仕六进五，直接阻断黑车的行军路线。

⑥抢占先机，在黑方未来得及提马前压马，若车1进1，则车九平八，封死黑方右翼。

⑦红方子力位置太好，阻碍了黑方进军，威胁到了区域的安全，红不兑也没什么好位置可走，若车四平六，则挡住了马位，黑士6进5即可解围，若车四平五，则卒7进1，车五平三，炮9退1，红方即将面临车马挨打的尴尬。

⑧防止黑强进7卒，可是后边黑炮7进4、炮6进6会威胁到帅的安全，若相三进五，则马8进7，后伏马7进9，直奔卧槽，而炮7进4，红方有应对之策，且往下看。

⑨红被迫放出黑右翼马，换取如钉子般扎入红九宫内的黑炮，至此，双方对局趋于平稳。

本局后续棋谱：

15. 马七进六，卒7进1；16. 车八进六，炮7平1；17. 相五进三，炮1进3；
18. 车八退七，炮1退4；19. 兵七进一，炮1平7；20. 相三进五，炮7退2；
21. 马六进五，卒3进1；22. 马五退七，马1进3；23. 马七退五，象7进5；
24. 马五进六，炮7退2；25. 车八平七，马3进4；26. 车七进四，马4进6；
27. 仕五进四，士6进5；28. 仕六进五，车8退2；29. 马三进四，车8进3；
30. 仕五退四，车8退4；31. 马四进二，车8退1；32. 车七平四，车8平4；
33. 马六退四，炮7进5；34. 马四进二，炮7平5；35. 相五退三，车4平7；
36. 车四退一，卒7退1；37. 车四平五，车7平8；38. 炮六平五，车8平6；
39. 仕四进五，将5平6；40. 车五平二，象5退7；41. 炮五平九，卒9进1；
42. 车二进六，车6平7；43. 相三进五，车7进3；44. 车二平一，象3进5；
45. 车一退四，卒1进1；46. 兵一进一，卒1进1；47. 炮九平六，车7退2；
48. 车一进一，卒1进1；49. 车一平四，将6平5。

第八节 士角炮

先手方起手第一着走炮八平六或炮二平四，因炮安于士角，故名如此。这一布局最早见于《橘中秘》，有"炮向士角安"之说。其利于上马出车，是一种伺机而进的稳健战术。对手如应着中炮，则可变为先手反宫马与单提马等布局。

棋例：北京 蒋川 胜 四川 郑惟桐

赛事：2016 年第 05 届碧桂园杯全国象棋冠军邀请赛

布局：士角炮对进左马（图 5-9）

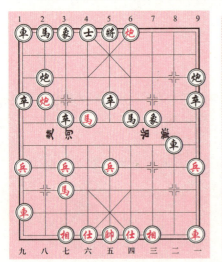

1. 炮二平四①，马 8 进 7②；2. 兵三进一，车 9 平 8；3. 马二进三，炮 8 平 9；
4. 马八进七，卒 3 进 1③；5. 炮八进四④，象 7 进 5；6. 马三进四，卒 7 进 1；
7. 兵三进一，象 5 进 7；8. 车九进一，车 8 进 5；9. 马四进六，马 7 进 6；
10. 炮四进七（！）⑤，象 3 进 5⑥；
11. 炮四平一，马 2 进 3；12. 马六进七，炮 9 平 3；
13. 车一进二⑦，车 1 进 1；14. 车一

图 5-9

平四，马 6 退 7；15. 车九平六⑧，车 1 平 8；

16. 车四平六，士 4 进 5⑨。

注释：

①一种灵活的试探性走法，可根据形势的需要演变成反宫马、单提马或五四炮等阵型。

②黑可走炮 2 平 5 架炮中攻，着法积极，但值得注意的一点是，同是架中炮，炮 2 平 5 和炮 8 平 5 却不同，若炮 8 平 5 则犯了方向性错误，后有马八进七，马 8 进 7，马二进三，车 9 平 8，兵三进一，红方弈成先手反宫马阵型，黑方易吃亏。

③此消彼长，灵活周旋。

④大胆过河，瞄准黑7路卒，若情况允许炮八平三后黑车8进3，则马三进四，对黑马造成压制。

⑤炮四进七，将5平6，车九平四，黑马只得为"大将军"挡一箭，由此可见黑不敢吃炮。

⑥防守解围，否则应对不当的话，红可炮四平六。若将5平4，则炮八进三，车1平2，马六进七，红吃车胜定。

⑦快速出车，乘胜追击，若双车和一路底炮的力量能结合在一起，就完全可以攻下这座有个窟窿的城堡，现在只需要寻找突破口攻进去。

⑧为什么不强硬一些车九平四呢？黑有车1平8，无法成杀。

⑨黑虽然守住了一轮进攻，但红双车全部集中到了黑方右翼，而右翼又是黑防守空虚之地，再加上单士，黑方形势不容乐观，红形势较好。

本局后续棋谱：

17.炮八平七，前车平2；18.前车进六，炮2退2；19.兵七进一，车2退2；
20.炮一平八，车2退3；21.兵七进一，象5进3；22.前车平七，炮3平6；
23.车六进五，炮6进1；24.炮七平五，士5退6；25.车七平二，炮6平4；
26.炮五退一，车2进6；27.车二退二，炮4退2；28.车二平五，将5平4；
29.车五平七，炮4平9；30.车七退一，炮9进5；31.兵五进一，炮9退1；
32.仕六进五，象7退9；33.炮五平六，车2平4；34.兵五进一，象9进7；
35.车七进四，将4进1；36.马七进八，炮9平5；37.相七进五，车4平2；
38.马八进七，将4平5；39.车七退一，将5退1；40.马七进六，车2平6；
41.车七退一，将5进1；42.马六退八，将5平6；43.炮六退五，象7退5；
44.车七退三，炮5平6；45.炮六进八，马7进8；46.炮六平八，车6平4；
47.车七进四，将6进1；48.车七平二，马8进7；49.车二退二，将6退1；
50.马八进六。

参考文献

[1] 杨官璘. 弈苑英华——杨官璘象棋杂谈. 成都：蜀蓉棋艺出版社，1999.

[2] 苏德龙. 象棋残局巧胜战法. 北京：金盾出版社，2003.

[3] 裘望禹，朱鹤洲. 少子百局谱. 成都：蜀蓉棋艺出版社，1996.

[4] 王嘉良，李中健，王国顺. 象棋残局大全. 成都：成都时代出版社，1993.

[5] 屠景明. 象棋残局例典. 上海：上海文艺出版社，1990.

[6] 刘殿中，齐津安. 象棋残局基础. 北京：北京体育大学出版社，2000.

[7] 刘健. 象棋实用残局. 成都：成都时代出版社，2005.

[8] 金启昌. 古今象棋名局精粹. 北京：北京体育大学出版社，1991.

[9] 屠景明. 象棋实用残局. 上海：上海文化出版社，1997.

[10] 沈正富. 象棋实用残局手册. 南京：江苏科技出版社，1992.

[11] 杨明忠，陶冶谟. 象棋古谱残局诠正大全. 上海：上海辞书出版社，2002.

[12] 蒋权，朱鹤洲. 蕉竹斋象棋谱. 北京：人民体育出版社，1991.

[13] 朱鹤洲. 象棋排局例典. 上海：上海文化出版社，2000.

[14] 陆曙光，李浭. 竹香斋象棋谱. 郑州：河南科技出版社，2012.

[15] 杨官璘. 杨官璘象棋研究. 北京：人民体育出版社，2002.

[16] 王首成. 古今名局赏析. 郑州：河南科技出版社，2010.

[17] 林幼如. 会珍阁象棋谱. 北京：人民体育出版社，1989.

[18] 陈松顺. 江湖棋局搜秘. 成都：蜀蓉棋艺出版社，1996.

[19] 朱鹤洲. 江湖排局集成. 上海：上海文化出版社，1999.

[20] 陈广仁. 江湖流行残棋解秘. 成都：成都时代出版社，2004.

[21] 霍文会，王巍. 图说象棋规则棋例详解. 北京：北京体育大学出版社，2005.

[22] 金海英. 象棋基础：我在北大讲课. 北京：人民体育出版社，2006.